PREDIQUE POR UN AÑO #7

PREDIQUE POR UN AÑO #7

104 bosquejos de sermones

Dos bosquejos completos para cada domingo del año

Roger Campbell

PORTAVOZ

La misión de *Editorial Portavoz* consiste en proporcionar productos de calidad —con integridad y excelencia—, desde una perspectiva bíblica y confiable, que animen a las personas a conocer y servir a Jesucristo.

Título del original: *Preach for a Year #7* por Roger Campbell.

Traducción: Luis Diego Marín

EDITORIAL PORTAVOZ
P.O. Box 2607
Grand Rapids, Michigan 49501 USA

Visítenos en: www.portavoz.com

ISBN 978-0-8254-1184-7

1 2 3 4 5 / 13 12 11 10 09

Impreso en los Estados Unidos de América
Printed in the United States of America

En memoria de
Charles Hurshel Johnson,
un sabio ganador de almas
Proverbios 11:30

CONTENIDO

INTRODUCCIÓN

He dedicado este séptimo volumen de bosquejos de sermones de la serie *Predique por un año* a la memoria de Charles Hurshel Johnson, debido a su amor por el evangelismo personal. Hurshel no era predicador, pero siempre se comunicaba con personas de cualquier edad, les hablaba de su Señor y les explicaba cómo podían llegar a conocerlo personalmente. Creo que este tipo de pasión por alcanzar a los perdidos es una de las mayores necesidades de las iglesias de la actualidad y oro por que estos bosquejos de sermones se conviertan en vehículos de alcance donde quiera que se usen.

Pegada con cinta adhesiva a una bandeja deslizable, situada a la izquierda de mi escritorio, está la siguiente cita de C. H. Spurgeon: "Preferiría ser el medio para que un alma se salve de la muerte que ser el mejor orador del mundo. Escogería traer a los pies de Cristo a la mujer más pobre del mundo que ser nombrado Arzobispo de Canterbury. Prefiero sacar un solo tizón del fuego que explicar todos los misterios". (Todas las citas de Spurgeon son de mi libro *Spurgeon's Daily Treasures in the Psalms* [Tesoros diarios de Spurgeon en los Salmos] [Nashville: Nelson, 1997]).

Salvar un alma de irse al infierno es un logro más glorioso que ser coronado en el campo de la controversia teológica.

Esto no significa que debamos evitar toda controversia. Se nos ha comisionado para predicar todo el consejo de Dios, pero recordemos que nuestros principales propósitos en el ministerio son predicar el evangelio y amar a las personas a las que predicamos.

Alex Montoya, autor de *Predicando con pasión* (Grand Rapids: Editorial Portavoz, 2003), habla de haber llegado a su primera iglesia con visiones de bancos repletos y sueños de expansión del edificio. Sin embargo, seis meses más tarde, todavía estaba predicándoles a los mismos cuarenta fieles. Se sintió desanimado, hasta que le sucedió algo maravilloso que cambió todo.

Montoya redescubrió el llamado de Pablo a Timoteo a hacer la obra de evangelista y empezó a obedecerlo. En sus propias palabras: "Un sermón no debe pasar sin predicar el evangelio y sin implorarles a las personas que sean salvas. Descubrí que si soy fiel en predicar el evangelio, Dios es fiel en traer a los perdidos. La gente también se siente estimulada a traer a sus amigos y familiares perdidos para que oigan el evangelio" ("El simple secreto de una iglesia creciente", Ministerio de Roger Campbell).

La iglesia del pastor Montoya creció de cuarenta a ochocientas personas e inició trece nuevas iglesias. Por tanto, no es sorprendente que este apasionado pastor diga que ya no se siente desanimado.

Si decide unirse a mí en esta jornada de predicación, cubriremos muchos temas controversiales y capaces de transformar vidas, pero todos a la luz de predicar el evangelio en amor, porque ese es el secreto del poder del predicador.

A menudo, mientras espero para predicar, leo el gran capítulo sobre el amor (1 Co. 13). Después de todo, según Pablo predicar sin amor es solo hacer ruido.

ROGER CAMPBELL
Romanos 1:16

LA PRIMERA SANTA CENA

Lucas 22:15-20

I. Introducción

A. Es una conmemoración que se ha celebrado a lo largo de los siglos

1. Empezó en un aposento alto con Jesús y los discípulos
2. Continuó durante la época de la iglesia primitiva
3. Es apropiada para nuestro estudio al principio del año

B. ¿Cuáles son los símbolos de esta conmemoración?

1. El pan, que representa el Pan de vida (Jn. 6:35)
2. La copa, que representa la sangre de Cristo vertida en la cruz

C. ¿Qué conmemoramos?

II. Cuerpo

A. La Santa Cena conmemora la salvación gratuita

1. El mensaje de la Santa Cena es el evangelio (1 Co. 15:3-4)
2. El evangelio ofrece salvación gratuita a los pecadores
3. El evangelio proclama la fe en Cristo como la única forma de ser salvo
   a. Las buenas obras no pueden producir salvación (Ef. 2:8-9)
   b. La Santa Cena no produce la salvación, sino que la conmemora
4. La Santa Cena nos llama de regreso a la cruz

B. La Santa Cena conmemora un perdón completo

1. Piense en los que estuvieron en el aposento alto en aquella primera Santa Cena
   a. Allí estaba Pedro, quien negaría a Cristo tres veces
   b. Allí estaba Tomás, quien dudaría de la resurrección
   c. Los fieles que estaban allí abandonarían a su Señor y huirían (Mr. 14:50)
2. Estos pusilánimes serían plenamente perdonados
   a. Pedro sería perdonado y se convertiría en el vocero de la iglesia
   b. Tomás, después de una semana de vacilación, exclamaría: "Señor mío y Dios mío"

c. Estos discípulos se convertirían en el núcleo de la dinámica iglesia primitiva
3. La Santa Cena nos recuerda que todos nosotros podemos recibir perdón total (1 Jn. 1:9)
4. Ninguna computadora cósmica contiene ningún registro en contra de aquellos lavados por la sangre

C. La Santa Cena conmemora nuestro fantástico futuro
1. Pasaremos tiempo con Cristo en el reino venidero (v. 16)
   a. Seremos llevados para estar con Cristo en el arrebatamiento (1 Ts. 4:13-18)
   b. Pasaremos tiempo con Cristo en el cielo (Jn. 14:3)
   c. Tendremos compañerismo con Cristo en la cena de las bodas del Cordero (Ap. 19:7-9)
   d. Regresaremos con Cristo para gobernar con Él en su reino (Ap. 19:10-16; 20:6)
2. La Santa Cena mira retrospectivamente a la cruz y hacia adelante, al regreso de Cristo (1 Co. 11:26)
3. La Santa Cena conmemora la transformación de los pecadores en santos listos para el cielo
4. La Santa Cena nos recuerda que lo mejor está aún por venir (1 Co. 2:9)

III. Conclusión

A. ¿Qué ha cambiado desde que usted llegó para esta conmemoración?

B. ¿Qué cambiará debido a esta conmemoración?

C. ¿Cómo proclamará usted las buenas nuevas de esta conmemoración?

METAS PARA EL NUEVO AÑO

Filipenses 3:13-14

I. Introducción

A. El año pasado ya se fue, y el nuevo año está aquí
1. Es hora de evaluar y prepararse para el futuro
2. Es hora de fijar metas para el nuevo año

B. Piense en la posición y las propuestas de Pablo
1. Tenemos grandes lecciones de un gran cristiano
2. Aprendemos de un hombre que influyó a millones
3. El énfasis de Pablo era: sus pesares, la carrera, las recompensas

II. Cuerpo

A. ¿Qué debemos hacer respecto a los pesares? (v. 13)
1. "Olvidando lo que queda atrás"
2. Todos tenemos pesares porque todos hemos cometido errores
   a. Nos gustaría repetir el año pasado para hacer correcciones
   b. No hay repeticiones, el pasado ya pasó
3. ¿Cómo lidiaremos con los errores del año pasado?
   a. Confesando nuestros pecados y recibiendo perdón (1 Jn. 1:9)
   b. Dejando todas las fallas pasadas en manos del Señor
   c. Como Pablo, olvidando lo que queda atrás

B. ¿Cómo corremos la carrera de la vida? (vv. 13-14)
1. "Extendiéndome a lo que está delante"
   a. Pablo abordaba el futuro con expectación y fe
   b. Estaba deseoso de ver qué podía lograr para Cristo
2. Estos son los hechos que debemos enfrentar:
   a. Todos estamos conscientes de los problemas o del poder
   b. Enfrentamos cada día esperando lo mejor o lo peor
3. La vida cristiana empieza con fe (Ro. 5:1)
   a. "...el justo por la fe vivirá" (Ro. 1:17)
   b. La fe y el temor se contraponen
   c. La fe gana, y el temor pierde

C. ¿Por qué deben ser las recompensas eternas nuestra meta? (v. 14)

1. "Prosigo a la meta, al premio"
2. Pablo estaba decidido a no negarle nada al Señor
   a. Era un hombre totalmente entregado
   b. Era consecuente en su andar cristiano
3. Cuando Jesús regrese, recompensará a sus siervos fieles
   a. "…y mi galardón conmigo…" (Ap. 22:12)
   b. Las recompensas eternas son más valiosas que cualquier otro logro

III. Conclusión

A. Olvidemos lo que queda atrás

B. Extendámonos a lo que está delante

1. El futuro es fantástico para los creyentes
2. Lo mejor está aún por venir (1 Co. 2:9)

CÓMO PROSPERAR EN VEZ DE SOLO SOBREVIVIR

Filipenses 4:4-8; Colosenses 3:12-17

I. **Introducción**
   A. *¿Fue el año pasado malo o como mucho mediocre?*
      1. ¿Tuvo usted sueños que se desvanecieron?
      2. ¿Tiene dificultad para esperar un magnífico año?
   B. *Prosperemos en vez de solo sobrevivir*
      1. Jesús vino a darnos vida y vida en abundancia (Jn. 10:10)
         a. Él brinda abundante perdón por nuestros pecados y fallas
         b. Él da abundante poder para un magnífico futuro
   C. *He aquí cinco hábitos diarios para hacer de este su mejor año*

II. **Cuerpo**
   A. *Levántese con gratitud (Fil. 4:6)*
      1. Empiece cada día dando gracias (Sal. 92:1)
      2. Dé gracias por cosas que usted solía dar por sentadas
         a. Usted está vivo y tiene un techo
         b. Tiene alimentos para comer y ropa para vestir (1 Ti. 6:6-8)
      3. Dé gracias por la salvación (Sal. 103:1-6)
      4. Dé gracias por el privilegio de la oración (Fil. 4:6)
      5. La oración vence la ira y nos permite perdonar
   B. *Ore con expectación (v. 6)*
      1. No se preocupe por nada
      2. Ore por todo y espere respuestas
         a. Podemos orar, creer y recibir (Stg. 1:6)
         b. Podemos orar y dudar, y no obtener nada (Stg. 1:6-8)
      3. Dios puede responder nuestras oraciones (Jer. 33:3)
   C. *Hable con amabilidad (v. 8)*
      1. Lo que decimos revela lo que pensamos
      2. Pablo nos da una cura para la lengua irascible y crítica
         a. Piense bien de la gente
         b. Concéntrese en la virtud y el elogio
      3. Niéguese a concentrarse en las faltas de otros
   D. *Perdone pronto (Col. 3:12-13)*
      1. El perdón es un llamado al amor cristiano: misericordia, benignidad, humildad, paciencia

2. "Soportándoos [tolerándoos] unos a otros"
3. Perdonar como Cristo nos perdonó: la clave para el verdadero perdón

E. Trabaje como una forma de adoración (Col. 3:17)

1. Ponga cada área de la vida en el campo de la adoración
2. No separe lo sagrado de lo secular
3. Haga todo en el nombre del Señor Jesús

III. Conclusión

A. Cuando alguien le diga: "Choque esos cinco..."

B. Dele los cinco requisitos para prosperar

CÓMO ANDUVO JESÚS

Juan 4:1-26; 1 Juan 2:6

I. Introducción

A. ¿Qué vehículo conduciría Jesús?

1. Algunos tratan de involucrar a Jesús en los asuntos del medio ambiente
2. Se busca reducir el número de vehículos para ahorrar combustible

B. En realidad no sabemos qué conduciría Jesús

1. Entró en Jerusalén en un burrito sin domar (Lc. 19:30-40)
2. Montará en un caballo blanco cuando venga a establecer su reino (Ap. 19:11-16)

C. Sin embargo, sí sabemos cómo anduvo (1 Jn. 2:6; Jn. 4:1-6)

II. Cuerpo

A. Anduvo con compasión (Jn. 4:1-6)

1. "Le era necesario pasar por Samaria"
2. Esta no era la ruta usual que tomaría un judío
   a. Los judíos no tenían trato con los samaritanos
   b. Él hizo un esfuerzo más allá de lo común para encontrarse con una mujer necesitada
3. Cuando la gente percibe que tenemos compasión, ve que somos diferentes
4. "Si yo hablase lenguas humanas y angélicas..." (1 Co. 13:1)
   a. Amar a la gente abre muchas oportunidades para testificar
   b. Podemos servir a aquellos que Dios pone en nuestro camino
5. Dios pone gente necesitada en nuestro camino cuando Él sabe que tenemos compasión

B. Anduvo comunicándose (Jn. 4:7-15)

1. "Dame de beber"
2. Este fue el comienzo de una charla que llevaría a la mujer a la salvación
3. Busque un inicio de conversación que funcione para usted
   a. Hable de algo que usted y los demás tengan en común
   b. Busque a otros en sus zonas de comodidad

4. Hablar del agua proporcionó un tema para ella
   a. Esta mujer vino a sacar agua… Era lo que tenía en mente
   b. El “agua” fue un medio para hablarle del agua viva
   c. Recordarle la sed le permitió a Jesús ayudarla a ver su necesidad
5. ¿Cuánto hace que usted le habló a alguien de Cristo?

C. Anduvo llevando cargas (Jn. 4:16-26)

1. “Vé, llama a tu marido” (Jesús llega a la fuente del sufrimiento de la mujer)
2. Ella se había considerado demasiado pecadora para ser salva
   a. Ella descubrió que Él sabía todo sobre su vida y aun así la amaba
   b. Muchos se consideran demasiado culpables para recibir la gracia
   c. Al pie de la cruz, no hay diferencias; todos pueden venir ante el inmaculado Salvador
3. Jesús evitó una discusión religiosa (vv. 20-26)
4. Dios está interesado en personas santas, no en lugares santos

III. Conclusión

A. Jesús todavía llama a sí a los sedientos

B. Responda a su compasivo llamado y nunca más tendrá sed

VALOR PARA DIFUNDIR SU FE

1 Corintios 9:22

I. Introducción

A. Todos los cristianos sabemos que debemos difundir nuestra fe

1. Fueron las últimas palabras de nuestro Salvador resucitado (Mt. 28:18-20)
2. Se las conoce como "La Gran Comisión"
   a. Muchas veces son más bien "La gran omisión"
   b. El temor a menudo nos impide hablar a otros de Cristo

B. El evangelismo personal es la mayor carencia en la mayoría de las iglesias

1. ¿Cómo podemos vencer este temor paralizante y alcanzar la gente para Cristo?
2. Hay tres palabras que nos darán el valor necesario para difundir nuestra fe

II. Cuerpo

A. La primera palabra es compasión

1. Pablo: "A todos me he hecho de todo"
2. Saulo, el orgulloso fariseo, jamás habría dicho estas palabras
   a. Este hombre tan religioso se sentía superior a otros
   b. Saulo odiaba a la Iglesia y trató de destruirla en sus albores
3. En el camino a Damasco, Pablo fue transformado para siempre
   a. Este nuevo convertido se llenó de compasión por los perdidos
   b. Los buscaba, oraba por ellos y les suplicaba que vinieran a Cristo
   c. Este antiguo perseguidor se convirtió en predicador del evangelio
4. Jesús fue el ejemplo supremo de compasión, especialmente en la cruz
5. La compasión vence la cobardía y produce valor
6. Si usted tiene suficiente compasión, vencerá sus temores y difundirá su fe

B. La segunda palabra es comunicación
1. "...de todos modos"
2. El valor aumenta con una estrategia santificada
3. Ore por un método que le permita comunicarse
4. En algún momento, testificar requiere palabras
    a. Jesús le dijo a la mujer en el pozo: "...Dame de beber" (Jn. 4:7)
    b. Felipe le dijo al etíope: "...Pero ¿entiendes lo que lees?" (Hch. 8:30)
5. Llegue a los que hacen telemercadeo: exponga su fe en línea... y sea amable
6. Use tratados: inclúyalos en las cartas y con los pagos de facturas, déselos a los que sufren

C. La tercera palabra es confianza
1. "...para que de todos modos... salve a algunos"
2. Pablo esperaba resultados; testificaba con fe
3. Pablo creía lo que escribió en Romanos 8:28
    a. Póngalo ante reyes y jueces, y él difundirá su fe
    b. Encarcélelo, y les testificará a sus captores
4. Espere que Dios lo use a usted para alcanzar las almas, y Él lo hará

III. Conclusión

A. El resumen consiste en las tres palabras: compasión, comunicación y confianza

B. Alcancemos a los perdidos que encontramos cada día

REAVIVAR A UNA IGLESIA DECADENTE

Apocalipsis 2:1-7

I. Introducción

A. Siete cartas tridimensionales de Jesús

1. Las cartas se dirigen a siete iglesias que existían en ese tiempo
2. Presentan un cuadro profético de la iglesia
3. Abordan problemas de todas las iglesias en todos los tiempos

B. Esta congregación es también tridimensional

1. Somos personas individuales, así que tenemos necesidades individuales
2. Somos miembros de familias, así que tenemos necesidades familiares
3. Somos miembros de esta congregación, así que tenemos necesidades eclesiásticas comunes

C. El Señor revela un plan para reavivar a una iglesia decadente

II. Cuerpo

A. El Señor elogia a la iglesia (vv. 1-3)

1. "Yo conozco tus obras"
2. Jesús empezó su carta elogiando a la iglesia por lo positivo
   a. Este es un buen ejemplo para todos nosotros
   b. Tenemos suficiente gente descontenta; necesitamos a algunos que elogien
3. Nuestro Señor elogió a la iglesia por su trabajo, paciencia y fidelidad
4. El elogio es positivo, la queja es negativa (Fil. 4:6-8)
5. Busque lo bueno de su iglesia, su matrimonio y su familia

B. El Señor señaló un problema en la iglesia (v. 4)

1. La iglesia parecía estar bien, pero tenía un serio problema
   a. Es importante enfrentar nuestros problemas
   b. El problema de esta iglesia era que estaba perdiendo su amor
2. Cuando disminuye el amor en nuestro andar con Dios, nos alejamos de Él
   a. Nuestra vida devocional se ve afectada, ya no tiene prioridad

b. Se vuelve común ceder, coqueteamos con la tentación
3. Cuando disminuye el amor en un matrimonio, este se vuelve monótono
a. La calidez de ese matrimonio ha desaparecido; algo falta
b. El deber reemplaza al deleite, y dos personas simplemente resisten hasta el fin
4. Cuando disminuye el amor en una iglesia, todo se vuelve mecánico
a. La gente asiste, pero presta poca atención
b. La religión se convierte en un ejercicio de rutinas repetitivas

C. *El Señor reveló una fórmula para el avivamiento en la Iglesia*
1. Recordar: ¿vivió un tiempo mejor en su andar con Dios?
a. ¿Tuvo algún tiempo en que usted estuvo más deseoso de servir, evangelizar y asistir?
b. ¿Fue alguna vez su vida de oración más significativa y poderosa?
2. *Arrepentirse* significa dar media vuelta, un giro de ciento ochenta grados
3. *Regresar* es volver a su antigua posición como cristiano, esposo o esposa, miembro de la iglesia

III. Conclusión

A. *El amor que se marchita provoca tristeza, pero el amor restaurado nos da felicidad*

B. *El avivamiento espera a los que recuerdan, se arrepienten y regresan*

CERTIDUMBRE DE SOBERANÍA

Deuteronomio 29:29

I. Introducción

A. Algunas cosas de la Biblia son fáciles de entender

1. Todos somos pecadores (Ro. 3:23)
2. Dios ama a los pecadores e hizo preparativos para nuestra salvación (Ro. 5:8)
3. Los que responden al amor de Dios reciben vida eterna (Jn. 3:16)

B. Algunas cosas de la Biblia son difíciles de entender

1. Los asuntos de soberanía pueden ser divisivos: conocimiento previo, elección, predestinación y adopción
    a. Estos son términos bíblicos: Efesios 1:4-5; Romanos 8:28-30; 9:6-24
    b. Las diferencias entre respetados líderes cristianos han separado amigos
2. El conflicto Wesley-Whitefield fue por asuntos de soberanía

C. Nosotros enfatizamos la certidumbre de soberanía

II. Cuerpo

A. La soberanía de Dios no contradice el evangelio

1. El evangelio pone la salvación a disposición de todos (Ro. 1:16)
    a. Observe la explicación del evangelio que da Pablo (1 Co. 15:3-4)
    b. El evangelio es poder de Dios para salvación
2. La salvación se recibe mediante la fe
    a. Pedro no conocía ningún otro modo de salvación (Hch. 4:12)
    b. Somos justificados únicamente por fe (Ro. 5:1)
3. La invitación es invariable (Mt. 11:28-30; Jn. 3:16; 6:37)

B. La soberanía de Dios no anula la Gran Comisión

1. Esas fueron las últimas palabras de nuestro Señor a sus discípulos (Mt. 28:18-20)
    a. La Gran Comisión envió a los primeros cristianos a todas partes con el evangelio
    b. Actualmente, hay iglesias en todo el mundo debido a la Gran Comisión

2. En muchas iglesias, la Gran Comisión es "la gran omisión"
    a. Debemos volver a llevar el evangelio a los perdidos en todas partes
    b. Debemos trasladar nuestro énfasis de los programas a las personas que necesitan al Señor
3. La promesa de Pentecostés demandaba un testimonio mundial (Hch. 1:8)
4. El plan soberano de Dios facultaba a los creyentes para ser misioneros poderosos

C. *La soberanía de Dios no limita el evangelismo*
1. Dios no quiere que nadie perezca (2 P. 3:9)
    a. ¿Por qué la larga espera para el regreso de Cristo?
    b. Él da tiempo para que más personas procedan al arrepentimiento
2. Piense en el fervor evangelístico de la iglesia primitiva
    a. Tres mil fueron salvos el día de Pentecostés (Hch. 2:41)
    b. Cinco mil fueron salvos en la siguiente prédica (Hch. 4:4)
3. Pablo hablaba del evangelio en todas partes y en cualquier circunstancia
    a. Ministraba públicamente de casa en casa (Hch. 20:20)
    b. Evangelizaba día y noche con lágrimas (Hch. 20:31)

III. Conclusión

A. *La soberanía de Dios no compromete su gracia*

B. *La salvación está a disposición de todo aquel que crea (Ef. 2:8-9)*

AMOR PROHIBIDO

Proverbios 20:13; 1 Timoteo 6:10; 1 Juan 2:15-17

I. Introducción

A. La vida cristiana se basa en el amor

1. Una buena noticia: Dios nos ama (Jn. 3:16; Ro. 5:8; 1 Jn. 4:10)
2. Debemos amar a otros (1 Co. 13; 1 Jn. 3:14, 18)

B. El amor tiene límites

1. Hay algunas cosas que no deberíamos amar
2. Veamos los límites del amor

II. Cuerpo

A. Se nos prohíbe amar el sueño (Pr. 20:13)

1. Se nos advierte del peligro de la pereza
   a. Debemos ocuparnos en servir al Señor
   b. El tiempo es precioso; cada día merece nuestro máximo esfuerzo
2. Dios llama a trabajadores, el diablo llama a holgazanes
   a. Moisés y David estaban pastoreando ovejas cuando fueron llamados
   b. Eliseo estaba arando, Pedro, Jacobo y Juan estaban pescando
3. Pablo predicaba día y noche con lágrimas (Hch. 20:31)
4. No somos salvos por nuestras obras (Ef. 2:8-9)
   a. Somos salvos por gracia mediante la fe
   b. Dios actúa a través de nosotros para realizar su obra (Ef. 2:10)

B. Se nos prohíbe amar al mundo (1 Jn. 2:15-17)

1. ¿No amar al mundo? ¿Y Juan 3:16?
   a. Dios ama a la gente del mundo
   b. No debemos amar al sistema del mundo
2. ¿De qué se ocupa este mundo que se nos prohíbe amar?
   a. De los deseos y la soberbia (1 Jn. 2:16-17)
   b. De los deseos de la carne, los deseos de los ojos y la soberbia de la vida
3. De la palabra olvidada de nuestro tiempo: "mundanalidad"
   a. Debemos retomar el concepto de vivir en santidad
   b. Dios nos llama a vivir en este mundo sin ser mundanos

C. Se nos prohíbe amar al dinero (1 Ti. 6:10)
1. "Raíz de todos los males es el amor al dinero"
2. Piense en la forma en que Jesús enfrentó este asunto
   a. "…déjale también la capa" (Mt. 5:40)
   b. El dinero motivó el pesar del joven rico (Lc. 18:23)
   c. El dinero motivó el pecado de Zaqueo (Lc. 19:1-10)
3. "Lo arrojo de mis manos para que no se me vaya al corazón" (Juan Wesley hablando del dinero)
4. "Una total falta de amor al dinero" (R. A. Torrey hablando de D. L. Moody)

III. Conclusión

A. ¿Qué haremos con nuestro tiempo, talento y dinero?

B. ¿Qué será lo verdaderamente valioso cuando estemos ante el Señor?

EL HOMBRE CON LA VISIÓN DE HECHOS 20:20

Hechos 20:17-21

I. Introducción

A. Era la reunión ideal de ancianos
1. Pablo llamó a los líderes de la iglesia de Éfeso a una reunión
2. Esta no era una reunión para levantar un acta y desperdiciar el tiempo
3. El propósito de esta reunión era concentrarse en ganar almas

B. Era una reunión para considerar el pasado y prepararse para el futuro
1. Pablo repasó los fundamentos de su ministerio pasado en Éfeso
2. Él quería que estos ancianos recordaran su misión y regresaran a ella
3. Les recordó su visión y motivación para el ministerio

C. Él era el hombre con deficiencia visual, pero con la visión de Hechos 20:20

II. Cuerpo

A. Pablo tenía una visión tierna (v. 19)
1. "Con muchas lágrimas"
2. Pablo se sentía conmovido por las necesidades de las personas
   a. Como Jesús, él veía las lágrimas de ellas y vertía sus propias lágrimas
   b. Estas eran personas con grandes necesidades espirituales
3. Pablo recordó su compasión por los que estaban en esclavitud
   a. Eran esclavos de la idolatría
   b. Eran cautivos de la pasión desenfrenada
   c. Estaban sujetos a la ira y a sustancias que los esclavizaban
4. Pablo les recordó a estos ancianos su pasión por las almas

B. Pablo tenía una visión con objetivo fijo (v. 20)
1. "Públicamente y por las casas"

2. Su ministerio había sido de alcance continuo
   a. No estaba satisfecho con solo hacer cultos
   b. Su estrategia se basaba en la Gran Comisión (Mt. 28:18-20)
3. Su predicación pública se centraba en la salvación
4. Su alcance personal lo llevó a las casas
5. Presentaba humildemente el amor de Cristo a los pecadores

C. *Pablo tenía visión total (v. 21)*

1. "Testificando a judíos y a gentiles"
   a. Pablo veía a cada persona que conocía como un candidato al cielo
   b. Cada contacto que hacía era una oportunidad para hablar del evangelio
2. La pasión de Pablo por las almas no le permitía prejuicios
   a. Él veía a todos como perdidos que necesitaban arrepentirse
   b. Daba las buenas nuevas de salvación por fe a todos
3. Quería estar libre de la sangre de todos (v. 26)

III. Conclusión

A. *La visión de Pablo incluía capacitar líderes*

B. *A estos ancianos, se les encargó realizar la visión de Pablo*

C. *Quiera Dios darnos cada día la visión de Hechos 20:20*

DEMAS EL DESERTOR

Colosenses 4:14; 2 Timoteo 4:10; Filemón 24

I. Introducción

A. *Algunos empiezan, corren y terminan bien*

1. Pablo era un buen ejemplo de este tipo de persona
   a. Oiga su conversión en el camino a Damasco (Hch. 9)
   b. Prueba de ello fue su largo y útil ministerio y su martirio
2. Él terminó la carrera y guardó la fe (2 Ti. 4:7)

B. *Demas tuvo un arranque prometedor, pero un fin decepcionante*

1. Había sido "colaborador" de Pablo (Flm. 24)
2. Había sido colega de Lucas
3. Finalmente, abandonó a Pablo

C. *¿Qué salió mal con este prometedor misionero?*

II. Cuerpo

A. *Su consagración era condicional*

1. Demas había estado en buena compañía haciendo cosas buenas
   a. Pablo lo había tenido por un amigo fiel
   b. Había estado con Pablo durante un tiempo de gran necesidad
2. Las apariencias pueden ser engañosas
   a. Algunos sirven bien hasta que las cosas se ponen difíciles
   b. Algunos sirven a Dios a cambio de reconocimiento o recompensas terrenales
3. Jesús advirtió respecto a los que miran constantemente hacia atrás (Lc. 9:62)
   a. Ellos dudan del valor de las recompensas eternas
   b. Finalmente, concluyen que el mundo ofrece más que Cristo

B. *Su amor era deficiente*

1. Pablo no desaprobó el trabajo de Demas
   a. Evidentemente, él hizo bien su trabajo
   b. Pablo lo veía como alguien del equipo de confianza
2. El tiempo demostró que Demas carecía de un verdadero amor por Cristo

a. Su amor era más bajo: concentrado en este mundo
b. A diferencia de Pablo, había puesto la mira en las cosas de la tierra (Col. 3:2)

3. El ejemplo de Pablo debió haber hecho que Demas amara a Cristo

C. *Su motivación era incorrecta*

1. Demas servía por deber más que por deleite
2. No entendía el motivo de Pablo de hacer todo para la gloria de Dios (Col. 3:17-23)
3. Su deseo de recompensas terrenales finalmente causó su ruina

III. Conclusión

A. *¿Qué hay de nuestra dedicación a Cristo?*

1. ¿Servimos por amor al Señor?
2. ¿Es nuestra motivación la gloria de Dios?

B. *¿Mantendremos nuestra dedicación o desertaremos ante la presión?*

C. *Este es el momento de rendir todo al Señor*

EVANGELISTAS: LOS HOMBRES FUERTES DE DIOS QUE FALTAN

Efesios 4:11-12

I. Introducción

A. *Los dones para la Iglesia provienen del Cristo ascendido*
   1. Él dio apóstoles y profetas para establecer la Iglesia
   2. Dio evangelistas, pastores y maestros para expandir y desarrollar la Iglesia

B. *El monumental trabajo que resultó vino de este eficaz equipo*
   1. Se convirtieron millones, se establecieron iglesias, y los cristianos crecieron y tomaron la delantera
   2. El equipo luchaba desesperadamente por las almas, se organizaba para lograr buen desempeño y crecía a través de las misiones
   3. Hoy sentimos la pérdida de participantes clave en el plan de Dios: *los evangelistas*

C. *¿Por qué han abandonado los evangelistas su importante tarea?*

D. *¿Cómo podemos activar a los evangelistas en nuestro tiempo?*

II. Cuerpo

A. *La historia del evangelismo itinerante es conmovedora*
   1. Felipe fue el primero en ser llamado evangelista (Hch. 21:8)
      a. Había sido nombrado como uno de los primeros diáconos (Hch. 6:5)
      b. Pronto demostró ser un evangelista (Hch. 8:5-13)
   2. Felipe hizo evangelismo personal y público
      a. Testificó audazmente al tesorero de Etiopía (Hch. 8:26-38)
      b. Inició la conversación y el bautismo de este importante funcionario
   3. Felipe hizo reuniones desde Azoto hasta Cesarea (Hch. 8:40)
   4. Los evangelistas itinerantes tuvieron un gran impacto a lo largo de los siglos
      a. El fuego del avivamiento ha sido alimentado y diseminado por los evangelistas

- b. Los evangelistas han multiplicado los convertidos y motivado a los fieles
- c. En la mayoría de las iglesias, se esperaba que hubiera periódicamente reuniones evangelísticas

B. *¿Por qué se dispone ahora de tan pocos evangelistas?*

1. Muchas iglesias dejaron de usar evangelistas
   - a. El énfasis pasó del evangelismo a la enseñanza
   - b. La invitación pública parecía obsoleta y embarazosa
   - c. Los evangelistas necesitaban más reuniones para justificar y apoyar su existencia
2. Algunas iglesias abusaban de los evangelistas
   - a. Ignorando el costo del trabajo itinerante, las iglesias daban pocos fondos a los evangelistas
   - b. Al hallar imposible sostener a sus familias, los evangelistas buscaron otro trabajo
3. Los seminarios dieron poca atención a capacitar evangelistas

C. *¿Cómo podemos recobrar a estos hombres fuertes que faltan?*

1. Podemos orar por obreros en la gran cosecha de Dios (Mt. 9:38)
   - a. Podemos alentar a los evangelistas a darse a conocer y ponerse a disposición de las iglesias
   - b. Las iglesias pueden incluir reuniones evangelísticas en sus planes anuales
2. Podemos buscar evangelistas capaces y brindarles parte de su sustento financiero
3. Podemos instar a los seminarios a capacitar evangelistas dotados

III. Conclusión

A. *Cuando vuelvan a aparecer los hombres fuertes de Dios que faltan…*

B. *Volverá a las iglesias el gozo del Señor*

¿PERSPICACES Y DINÁMICOS, PERO TONTOS?

Hechos 4:13

I. Introducción

A. Jerusalén fue sacudida por una explosión de amor

1. Pentecostés había lanzado una enorme respuesta al evangelio
   a. Tres mil se convirtieron por la predicación de Pedro (Hch. 2)
   b. Las poderosas respuestas a la oración eran evidentes para la comunidad
2. En el templo, ocurrió la curación milagrosa de un cojo
3. El llamado de Pedro al arrepentimiento y la fe trajo otros cinco mil a Cristo

B. Los líderes religiosos estaban molestos

1. El sumo sacerdote y los otros interrogaron a Pedro y a Juan (Hch. 4:6-8)
2. Pedro señaló al poder de Dios en la curación del cojo
   a. Les recordó la cruz a quienes lo interrogaban (v. 10)
   b. Declaró que la resurrección era cierta (v. 10)
   c. Insistió en la fe en Cristo como la única vía de salvación (vv. 11-12)

C. Los críticos reaccionaron con asombro ante Pedro y Juan

II. Cuerpo

A. Ellos reconocieron su audacia

1. Pedro y Juan habían sido arrestados el día anterior (v. 3)
   a. Resultaba peligroso predicar acerca de la resurrección
   b. Enseñar respecto a Jesús pudo haberles costado la vida
2. La gran respuesta (cinco mil) los puso en peligro
   a. Mantenerse firmes por el evangelio parecía locura
   b. Refutar a sus enemigos avivó el fuego de la persecución
3. Los líderes se maravillaron por su valentía ante el peligro
4. ¿Ven otros que somos valientes al declarar la fe?

B. Su investigación indicaba que estos hombres eran tontos

1. El "comité de antecedentes educativos" declaró que no tenían formación
   a. Estos poderosos predicadores fueron llamados, aunque no eran letrados

b. Sus críticos concluyeron que eran ignorantes
2. Esto solo planteó más dudas
a. ¿Cómo podía gente tonta ser tan dinámica?
b. ¿Cómo podían los iletrados ser tan perspicaces?
3. ¿Cuál era el secreto de su poder?

C. Ellos razonaron que su recurso debía ser divino
1. Algo estaba pasando aquí que trascendía la capacidad humana
a. Estos hombres sin preparación se habían vuelto magníficos predicadores
b. Estos hombres sin enseñanza se habían vuelto maestros eficaces
2. Solo había una respuesta: habían estado con Jesús
3. Pablo escribiría más tarde sobre otros débiles que se hicieron fuertes (1 Co. 1:27-29)

III. Conclusión

A. Dios ha usado a menudo personas sin letras para su gloria

B. Él nos usará a usted y a mí si rendimos todo a Él

CANTOS DEL ESPÍRITU

Efesios 5:18-20

I. Introducción

A. La música ha sido siempre parte de la adoración

1. Los israelitas cantaron tras cruzar el Mar Rojo (Éx. 15)
2. David, el rey cantor, cantó sus salmos
3. Jesús y sus discípulos cantaron después de la Santa Cena (Mt. 26:30)

B. La música será parte del cielo (Ap. 5:9)

C. ¿Qué tipo de música debe ser parte de la adoración hoy?

II. Cuerpo

A. Los cantos del Espíritu son muy variados

1. Salmos, himnos y cánticos espirituales (Ef. 5:19)
   a. Los salmos pueden compararse con los coros: son verticales
   b. Los himnos son cantos de adoración, testimonio, consagración e invitación
   c. Los cánticos espirituales incluyen una serie de opciones
2. El propósito de Pablo era cubrir los años con la música apropiada
   a. Él no duda en emplear modelos del Antiguo Testamento (salmos)
   b. No descarta la música que ha demostrado cambiar vidas (himnos)
   c. Deja abierta la puerta para nueva música (cánticos espirituales)
3. Los cantos del Espíritu honran a Cristo y su salvación

B. Los cantos del Espíritu tocan el alma

1. "...cantando y alabando... en vuestros corazones" (v. 19)
2. La meta de este tipo de música es honrar al Señor
   a. Él merece nuestra alabanza y adoración
   b. Estos cantos llaman a la consagración y al servicio
3. Juan Wesley indicó respecto al canto: "Cante con fuerza y con buen ánimo. Cuídese de cantar como si usted estuviera medio muerto o medio dormido, al contrario, alce su voz con fuerza".

C. Los cantos del Espíritu dan armonía a la iglesia
1. Los cánticos espirituales cultivan la acción de gracias
    a. "dando siempre gracias por todo…" (v. 20)
    b. La persona agradecida no se queja ni divide iglesias
2. Los cánticos espirituales fluyen del amor cristiano
3. La unidad de la iglesia en la música demanda sumisión al Espíritu Santo
    a. Amaos los unos a los otros
    b. Considerémonos unos a otros

III. Conclusión

A. Las claves para los cantos espirituales se hallan en las epístolas
1. "…sed llenos del Espíritu" (v. 18)
2. "…no contristéis al Espíritu Santo…" (Ef. 4:30)
3. "No apaguéis al Espíritu" (1 Ts. 5:19)

B. Los cantos del Espíritu edifican a la iglesia

C. ¿Honran al Señor los cantos de nuestra iglesia?

EL LIBRO PARA TODAS LAS ÉPOCAS

Salmo 119:103-105

I. **Introducción**
   A. *El salmista consideró suficiente la Palabra de Dios*
      1. Él había llegado a amar sus enseñanzas
      2. La veía como una lámpara a sus pies y una lumbrera a su camino
   B. *Pablo declaró que la Biblia era un libro para todas las épocas*
      1. La consideró útil en toda situación (2 Ti. 3:16)
      2. ¿Cómo podemos aplicar la confianza de Pablo en la Palabra de Dios a la vida diaria?

II. **Cuerpo**
   A. *Lea la Biblia cuando tenga miedo de hablar (Éx. 4:10-12)*
      1. Lea el llamado de Moisés para librar a Israel de la esclavitud (Éx. 3)
      2. Moisés se sentía incapaz, no un buen orador
         a. También estamos llamados a librar a la gente de la servidumbre
         b. Debemos ser testigos del Señor (Hch. 1:8)
      3. Dios promete darnos las palabras que necesitamos (Jer. 1:9)
      4. Piense en la respuesta del Señor al temor de Moisés
         a. "¿Quién dio la boca al hombre?"
         b. "Yo estaré con tu boca"
   B. *Lea la Biblia cuando se sienta débil (Is. 40:28-31)*
      1. Las cargas de la vida a menudo nos privan de nuestra fortaleza
      2. Nuestros problemas nunca toman a Dios por sorpresa
      3. Dios es nuestra fortaleza en tiempos difíciles (Sal. 46:1)
      4. Los que esperan en el Señor tendrán nuevas fuerzas (vv. 29-31)
      5. Todo lo podemos en Cristo que nos fortalece (Fil. 4:13).
   C. *Lea la Biblia cuando esté lleno de temor (Is. 41:10-13)*
      1. El temor y la fe son opuestos: la fe vence al temor
      2. La Biblia es la fuente de la fe (Ro. 10:17)
      3. Piense en los múltiples "No temas" en la Biblia
      4. Lea las promesas de fortaleza y protección para Isaías (vv. 10-13)

D. Lea la Biblia cuando el tentador se encuentre cerca (1 Co. 10:13)

1. Las tentaciones se limitan a las que son comunes a todos
2. Las tentaciones se limitan a lo que podemos vencer
3. Jesús es nuestro ejemplo cuando viene la tentación (Mt. 4)
4. Jesús venció al tentador citando las Escrituras, y nosotros también podemos hacerlo

III. Conclusión

A. Dios satisface nuestras necesidades específicas

1. Descubrimos dónde estamos al leer la Biblia
2. Santiago llamó a la Biblia un espejo

B. La Biblia nos cambia de lo que somos a lo que deberíamos ser

1. ¿Cuánto tiempo dedica usted diariamente a la Palabra de Dios?
2. Lea cada día y aplique el libro para todas las épocas

SEÑALES DEL SALVADOR

Mateo 12:38

I. Introducción

A. Los que pedían una señal vinieron

1. Los escribas y fariseos vinieron pidiendo una señal
2. Este no es el único registro de búsqueda de señales (Jn. 2:18)
3. Hasta los discípulos pidieron señales (Mt. 24:3)

B. Tres señales inconfundibles revelan la deidad de Cristo

1. La señal de su nacimiento virginal (Is. 7:14)
2. La señal de su muerte y sepultura (Mt. 12:39-40)
3. La señal de su resurrección corporal (Jn. 2:18-22)

C. Estudie las señales del Salvador

II. Cuerpo

A. La señal del nacimiento virginal de Cristo (Is. 7:14)

1. "El Señor mismo os dará señal"
2. El nacimiento de Cristo fue único
   a. Fue concebido en el vientre de una virgen
   b. Su nacimiento fue un milagro, el cumplimiento de una profecía
3. Gabriel anunció este milagro (Lc. 1:26-35)
   a. María sintió temor y confusión por este anuncio angélico
   b. El misterio quedó resuelto: el Espíritu Santo produciría este milagro
4. El nacimiento virginal garantizaba un Salvador sin pecado

B. La señal de la muerte y sepultura de Cristo (Mt. 12:39-40)

1. La señal era la del profeta Jonás
   a. Jonás fue llamado por Dios para predicar a la pecaminosa Nínive
   b. Jonás huyó a Tarsis y quedó en medio de una violenta tormenta
2. Jonás les dijo a los marineros que lo arrojaran al mar
   a. Estaba dispuesto a sacrificarse por salvar a otros
   b. Cristo dio su vida para que pudiéramos tener vida eterna
3. Jonás, tragado por el gran pez, ilustra la muerte y sepultura de Cristo

4. La muerte de Cristo por los pecadores cumplió la profecía de Isaías (Is. 53)

C. La señal de la resurrección corporal de Cristo (Jn. 2:18-22)

1. Jesús echó a los cambistas del templo en la Pascua (vv. 13-16)
   a. Los que pedían una señal querían saber cómo tenía autoridad para hacer esto
   b. "...Destruid este templo, y en tres días lo levantaré" (v. 19)
2. Los que pedían una señal se escandalizaron
   a. El templo había tardado cuarenta y seis años en construirse
   b. ¿Cómo podía Jesús levantarlo en tres días?
3. Él hablaba de su resurrección corporal

III. Conclusión

A. Tres señales revelan al Salvador: nacimiento, muerte y resurrección

B. El cumplimiento de las tres señales garantiza la salvación

C. Venga con fe al Salvador nacido de una virgen, crucificado y resucitado

LAS CALAMIDADES DEL VINO

Proverbios 23:29-35

I. **Introducción**

A. *El alcohol: ¿amigo o enemigo?*

1. Muchos consideran el alcohol un amigo
   a. Lo invitan a sus hogares
   b. Lo levantan para brindar en ocasiones especiales
2. Salomón describió el alcohol como un enemigo
   a. Llamó al alcohol la fuente de pesar y contención
   b. Describió el alcohol como una serpiente en una copa
   c. Advirtió contra el poder adictivo y destructivo del alcohol

B. Las calamidades del vino se encuentran en la Biblia y se encuentran en la actualidad

1. El alcohol ha derribado a reyes y hombres de fe
2. Hoy es el mayor destructor del mundo… mata mucho más gente que la guerra

C. Las advertencias bíblicas abundan respecto a las calamidades del vino

II. **Cuerpo**

A. *Las calamidades del alcohol también afligieron a Noé y a Lot (Gn. 9:20-25; 19:30-38)*

1. Noé tenía buena reputación
   a. Era un hombre justo en un mundo impío (Gn. 6:5, 9)
   b. Noé halló gracia ante los ojos del Señor (Gn. 6:8)
2. Noé era un hombre de fe que obedecía a Dios
   a. Por la fe, construyó el arca (He. 11:7)
   b. Noé fue usado por Dios para salvar a la raza humana
3. Tras el diluvio, el alcohol le produjo mucho pesar a Noé
4. Lot, el sobrino de Abraham, fue librado de la destrucción de Sodoma
5. El alcohol hizo que su familia fuera invadida por la inmoralidad y la vergüenza (Gn. 19:30-38)

B. *Las calamidades del alcohol fueron profetizadas por Isaías (Is. 1—5)*

1. Isaías vivió y profetizó en una época impía (cap. 1)
   a. Su nación era inmoral y estaba lista para el juicio
   b. A Isaías se le encargó reprender a su pueblo por sus pecados

2. A Isaías se le encargó pronunciar ayes sobre su nación
    a. Algunos de los ayes más fuertes tenían que ver con el uso del alcohol (5:11, 22)
    b. ¿Dónde están los siervos de Dios que harán lo mismo hoy día?

C. Las calamidades del alcohol cayeron sobre Belsasar (Dn. 5)

1. El rey de Babilonia hizo una fiesta donde se bebía
    a. El alcohol lo llevó al sacrilegio
    b. Daniel, quien fue llamado a la fiesta, anunció su ruina
2. La escritura en la pared anunció la cercana muerte del rey
    a. Miles mueren cada año por el uso del alcohol
    b. La sentencia es inminente

III. Conclusión

A. El alcohol esclaviza a la gente; Jesús la libera

B. El agua viva supera siempre al vino

VENCER A LOS GIGANTES

Números 13:27-33; Josué 14:6-14

I. **Introducción**
   A. *El marco de este sermón es "al borde de una promesa"*
      1. Moisés había llevado a Israel al borde de la Tierra Prometida
         a. Ellos habían sido librados de la esclavitud de Egipto
         b. Se les había alimentado con maná del cielo
         c. El agua fluyó de una roca para apagar su sed
      2. Se enviaron espías para explorar la tierra y evaluar la fortaleza de sus habitantes
         a. Josué y Caleb estaban entre los doce espías
         b. Caleb es quien nos interesa en el sermón de hoy
   B. *Los resultados de la misión de espionaje fueron mixtos*
      1. Se encontró que la tierra era buena, verdaderamente una tierra de leche y miel
      2. Diez espías temían a los cananeos por su número y tamaño
      3. Caleb y Josué le aconsejaron a su pueblo proceder a conquistar Canaán
      4. Los cobardes prevalecieron, e Israel vagó en el desierto por cuarenta años
   C. *Cuarenta años después: la preparación para entrar en Canaán*
      1. Cada tribu debe conquistar la porción que se le ha asignado
      2. Josué le pregunta a Caleb qué parte de Canaán desea

II. **Cuerpo**
   A. *El anciano poderoso va contra los gigantes (Jos. 14:6-12)*
      1. Caleb, a los ochenta y cinco años, quiere pelear con gigantes
      2. "Dame, pues, ahora este monte", pidió Caleb (la tierra de los gigantes)
      3. Todos tenemos gigantes que vencer
         a. El gigante llamado "temor" es lo opuesto a la fe (He. 11:23-27)
         b. El gigante llamado "preocupación" es una palabra sin valor (Fil. 4:6-8)

c. El gigante llamado "ira" es un destructor de futuros (Ef. 4:30-31)
d. El gigante llamado "tentación" es enemigo del éxito (1 Co. 10:13)
4. Caleb se negó a temblar ante estos formidables enemigos
a. Esperaba vencer a todos estos gigantes
b. Sabía que tenía el poder para ganar

B. *¿De dónde sacaba su fortaleza este superanciano?*
1. La fe le dio fortaleza para conquistar (Nm. 13:30)
2. La fortaleza del Señor tomó el lugar de su debilidad
3. Él sabía que el Señor es mayor que cualquier gigante
4. La fidelidad de Dios le recordó a Caleb que no fallaría

C. *¿De dónde podemos sacar suficiente fortaleza para vencer a nuestros gigantes?*
1. Jesús venció a nuestro enemigo en la cruz
2. Dios es mayor que todos nuestros temores y tentaciones
3. La victoria espera a todos los que se rinden totalmente a Él

III. Conclusión

A. *Nuestro Rey conquistador lleva a los suyos a la victoria*
B. *¿Quién se someterá hoy al Conquistador?*

EL CRISTO QUE CONSUELA

Isaías 7:14; 9:6-7; 40:1; 1 Corintios 15:3-4; 1 Tesalonicenses 4:13-18

I. Introducción

A. Este texto da consuelo para los tiempos difíciles (Is. 40:1)

1. Jerusalén había estado sufriendo el asedio de los asirios
2. El rey Ezequías había estado cerca de la muerte
3. Los peligros personales y nacionales aún nos afectan a todos

B. El Dios de todo consuelo se interesa por nosotros

1. Él se interesa por los problemas que enfrentamos hoy
2. Él se interesa por las decepciones del ayer y los temores del mañana
3. Nada toma por sorpresa al Cristo que consuela

C. Hay tres grandes consuelos que confortan a los cristianos que están en problemas

II. Cuerpo

A. El consuelo del nacimiento de Cristo se ajusta a nuestra condición humana (Is. 40; 7:14; 9:6-7)

1. Isaías profetizó el nacimiento de Juan el Bautista
   a. Él sería la voz que clama en el desierto
   b. "...Preparad el camino a Jehová..." (40:3)
2. Juan el Bautista preparó el camino para Cristo
3. El Cristo que consuela satisface nuestras necesidades específicas (Gá. 4:4-5)
   a. Él se identificó con nosotros en su humilde nacimiento en el pesebre de Belén (Lc. 2)
   b. Él se convirtió en el Hijo del Hombre para que nosotros llegáramos a ser hijos de Dios
4. Cristo humilla al altivo y exalta al humilde (Is. 40:4-5)

B. El consuelo de la muerte y resurrección de Cristo satisface nuestra necesidad de un Salvador (1 Co. 15:3-4)

1. Esto es el evangelio, la razón de la existencia de nuestra Iglesia
   a. "La doctrina de la muerte y resurrección de Cristo es el fundamento del cristianismo. Quítela, y todas nuestras esperanzas para la eternidad se hunden al instante" (Matthew Henry)
   b. Esto nos da consuelo para el tiempo y la eternidad

2. La muerte y resurrección de Cristo demuestran su amor por nosotros (Ro. 5:8)
    a. Por tanto, se nos garantiza su consuelo en toda prueba
    b. El que nos ama nunca nos dejará ni nos desamparará (He. 13:5-6)
3. El que consoló a los desalentados discípulos nos consolará también

C. *El consuelo del regreso de Cristo nos fortalece en nuestras dificultades (1 Ts. 4:13-18)*
1. El regreso de Cristo es nuestro consuelo cuando la muerte nos quita nuestros seres queridos (Jn. 14:1-6)
2. El regreso de Cristo es nuestro consuelo cuando nuestros cuerpos se desgastan
    a. Recibiremos nuevos cuerpos cuando Cristo vuelva (1 Co. 15:51-52)
    b. Nuestros cuerpos serán semejantes al del Cristo resucitado (1 Jn. 3:2)
3. El regreso de Cristo es nuestro consuelo cuando las tensiones mundiales nos alarman (Lc. 21:28)
4. El regreso de Cristo es nuestro consuelo cuando la vida parece injusta (Ap. 22:12)

III. Conclusión

A. *Los que confían en Cristo hallan un verdadero consuelo*

B. *¿Ha puesto usted su fe en el Cristo que consuela?*

C. *¿Qué está usted haciendo para transmitir estas buenas nuevas?*

EL PRÍNCIPE TRASPASADO

Se inicia la *Serie sobre la cruz.* *Zacarías 12:10*

I. Introducción

A. Los dones de gracia y oración son para los creyentes

1. Estos grandes dones se otorgan a todos los que creen
2. Gracia: favor inmerecido de Dios
3. Oración: el privilegio de comunicarnos con Dios

B. Los pesares del rechazo son para los incrédulos

1. Aquí se habla de personas que habían desdeñado la salvación
2. Ahora reflexionan con pesar sobre su rechazo de Cristo

C. ¿Por qué todo este duelo por el que traspasaron?

II. Cuerpo

A. Estos dolientes reconocen a quién han rechazado

1. Ellos habían menospreciado el don del amor de Dios
   a. Cristo había venido como el Salvador de los pecadores
   b. Él había venido a ofrecer perdón y vida
2. Ellos habían escogido la rebelión en vez de la redención
   a. Dios había enviado a su único Hijo para justificar a los pecadores (Ro. 5:8-9)
   b. Ellos lo habían despreciado y rechazado (Is. 53:3)
3. Habían perseguido al Príncipe de paz (Is. 9:6-7)

B. Estos dolientes recuerdan su respuesta

1. Cristo había venido a reconciliarlos con Dios
   a. Aunque eran culpables, Él les había ofrecido gracia
   b. Aunque merecían la muerte, Él había muerto por ellos (Ro. 5:8)
2. Ellos lo traspasaron, mientras Él oraba por ellos
   a. Él había llorado por sus pecados y angustias (Lc. 19:41)
   b. Incluso en la cruz, Él había orado para que fuesen perdonados (Lc. 23:34)
3. ¿Por cuánto tiempo hemos resistido al Príncipe suplicante?

C. Estos dolientes se arrepienten de su rudeza

1. Las lágrimas son a menudo parte del arrepentimiento (2 Co. 7:10)
   a. El arrepentimiento es hacer lo opuesto, dar media vuelta

b. Las lágrimas revelan arrepentimiento de corazón
2. Finalmente, la convicción conduce a la confesión de los pecados
3. Ellos se hallan frente al Príncipe y claman por perdón
   a. ¿Cuál es su respuesta al amor de Cristo revelado en la cruz?
   b. ¿Pasará usted de rechazarlo a recibirlo como Salvador?

III. Conclusión

A. El duelo puede indicar una nueva y brillante mañana

B. "Existe un duelo santo, el efecto del derramamiento del Espíritu, un dolor por el pecado que despierta la fe en Cristo y faculta para gozarse en Dios" (Matthew Henry)

EL SUSTITUTO

Serie sobre la cruz. *Mateo 27:26*

I. Introducción

A. Estos personajes principales participaron en la crucifixión

1. Judas: su venta, su dolor, su suicidio
2. Los sacerdotes: su complot, su religiosidad, su presión sobre Pilato
3. Herodes: su curiosidad, su petición de un milagro, su sumisión a los acusadores de Cristo
4. Pilato: su duda, su esposa, su debilidad

B. Compare al criminal con Cristo

1. Barrabás: el criminal que merecía morir
   a. Era ladrón y traidor
   b. Era culpable de asesinato (Hch. 3:14)
   c. La justicia demandaba que muriera ese día en la tercera cruz
2. Jesús era inocente de todos los cargos que se le hacían
   a. Ni siquiera Pilato pudo hallar falta en Él (Lc. 23:4)
   b. Herodes lo había devuelto a Pilato por la misma razón (Lc. 23:13-15)

C. La multitud demandó que Jesús muriera en lugar de Barrabás

II. Cuerpo

A. Cristo murió como sustituto de Barrabás (Hch. 3:14-15)

1. Era el justo que moría por el injusto
   a. Barrabás era injusto, un ejemplo de todos los pecadores (Ro. 3:23)
   b. Cristo era el justo, que murió en lugar de los pecadores (1 P. 3:18)
2. Observe el contraste entre estos dos hombres del momento
   a. Barrabás era totalmente culpable
   b. Cristo era totalmente inocente
3. Piense en la reputación de estos dos hombres
   a. Barrabás era un "preso famoso" conocido por sus crímenes y su maldad
   b. Cristo era conocido por su pureza y santidad, el Salvador perfecto

B. La multitud pidió que Cristo muriera y Barrabás viviera
1. El criterio de las multitudes a menudo es incorrecto
    a. Nunca ponga su futuro en manos de una multitud
    b. La multitud puede llevarlo a la destrucción
2. Esta multitud estaba incluso dispuesta a poner en peligro el futuro de sus hijos
    a. "...Su sangre sea sobre nosotros, y sobre nuestros hijos" (Mt. 27:25)
    b. Las multitudes prefieren las tinieblas a la luz porque sus obras son malas (Jn. 3:19)

C. La muerte de Cristo produjo la liberación de Barrabás (Mt. 27:26)
1. Es la imagen perfecta de la muerte de Cristo, la cual trae nuestra salvación
    a. Merecemos morir, pero Cristo murió en nuestro lugar (Ro. 5:8)
    b. La muerte de Cristo produjo nuestra redención y liberación
2. Ponga su fe en Cristo, no en la multitud, y sea libre

III. Conclusión

A. Las descripción que hace Isaías es de Cristo como sustituto (Is. 53:5-6)

B. Ponga su fe en el que murió para que lo libere

EL HOMBRE CON LAS MANOS HERIDAS

Serie sobre la cruz. *Zacarías 13:6*

I. Introducción

A. *¿Quién es el misterioso hombre del que habla Zacarías?*
   1. ¿Cuáles son las pistas de su identidad?
      a. Él aparece en un momento de dolor en la casa de David
      b. Alguien importante de la familia sería castigado (13:7)
      c. Las manos de este hombre serían heridas (13:6)
   2. Esta es la pista principal: se abriría una fuente para la purificación del pecado (13:1)
   3. Él sería conocido como "El Renuevo" que quitaría el pecado (3:8)

B. *Esta es una imagen profética de Cristo*
   1. Piense en las manos de Jesús
   2. Sus manos fueron heridas por un acto de quien profesaba ser su amigo
   3. Jesús llamó a Judas "amigo" el día que lo traicionó

C. *¿Qué hay respecto a estas manos heridas?*

II. Cuerpo

A. *Esas manos abrazaron a los niños (Mt. 19:13)*
   1. Los padres trajeron los niños a Jesús, y Él los recibió
      a. Los discípulos pensaron que Él estaba demasiado ocupado para los niños
      b. Él puso sus manos sobre los niños y oró por ellos
   2. Jesús explicó que la fe salvadora es como la fe de un niño
      a. Él puso un niño ante la gente como un ejemplo de fe
      b. "…si no… os hacéis como niños" (Mt. 18:1-6)
   3. Las manos heridas de Jesús reciben a los que vienen a Él

B. *Están extendidas a los pecadores (Lc. 19:1-10)*
   1. Estas manos se extendieron al pecador Zaqueo
      a. El adinerado y malvado recolector de impuestos había venido a oír a Jesús
      b. Jesús le dijo que bajara de lo alto de un sicómoro y lo salvó
      c. Un toque de Jesús vació las manos de Zaqueo a favor de los pobres
   2. Las manos heridas de Jesús se extienden hoy a todos los pecadores

3. ¿Extenderá usted sus brazos hacia esas manos heridas que quieren recibirlo?

C. Esas manos experimentaron un dolor extremo en el Calvario (Jn. 19:18)

1. Imagine el dolor de la crucifixión
    a. Los clavos atravesaron esas amorosas manos
    b. Él soportó todo esto por nuestra salvación (Is. 53)
2. El dolor y la vergüenza de la cruz fueron indescriptibles
    a. El precio de nuestro perdón tuvo que ser pagado
    b. La sangre derramada ese día pagó nuestra redención

III. Conclusión

A. Las manos de Jesús se extienden hoy hacia usted

B. ¿Recibirá usted su compasiva invitación a la vida eterna?

C. El hombre con las manos heridas anhela ser su Salvador

EL ABANDONADO

Serie sobre la cruz. *Salmo 22:1-8*

I. Introducción

A. C. H. Spurgeon comentó sobre el principio de este salmo

1. "Este es clarísimamente el salmo de la cruz"
2. "Es una fotografía de las horas más negras de nuestro Señor"
3. "¡Oh!, que por la gracia podamos acercarnos y contemplar esta magnífica visión"

B. David oye la última palabra de esta frase dicha en la cruz

1. "Dios mío, Dios mío, ¿por qué me has desamparado?" (Sal. 22:1; Mt. 27:46; Mr. 15:34)
   a. Esta palabra desde la cruz fue profetizada antes de que Jesús la dijera
   b. "Hasta qué aflicción extrema fue llevado nuestro Señor" (C. H. Spurgeon)
2. "Dios abandonado por Dios, ¿quién puede entenderlo?" (Martín Lutero)

II. Cuerpo

A. Cristo fue abandonado para que nosotros nunca lo seamos

1. Este es un clamor a su Padre fiel
   a. "Dios mío, Dios mío"
   b. Nuestro Padre anhela oír nuestro clamor durante los días sombríos
2. Este es un clamor que pregunta: "¿Por qué?"
   a. Todos pasamos por tiempos de cuestionamiento
   b. Jesús entiende nuestros tiempos de cuestionamiento
3. Hay ocasiones en que nos preguntamos si Dios realmente se interesa por nosotros
   a. ¿Se pregunta usted si Dios se interesa por usted?
   b. Nuestro Señor sabe cómo se siente usted
4. Podemos estar seguros de que Él nunca nos abandonará (He. 13:5)

B. Cristo sufrió solo para que nosotros nunca estemos solos

1. "¿Por qué me has abandonado?"
   a. Cristo tomó el lugar de los pecadores, separados de Dios
   b. Él llevó todo el castigo que merecían los pecadores, incluso el abandono

2. Este grito profetizado se hizo desde la oscuridad del Calvario (Mt. 27:45)
   a. ¡Qué aterrador es estar solo en las tinieblas!
   b. Nuestro Salvador, solitario y sufriente, soportó las tinieblas que nosotros merecemos
3. Compare esto con sus promesas para los días sombríos
   a. "No os dejaré huérfanos..." (Jn. 14:18)
   b. "...he aquí yo estoy con vosotros todos los días" (Mt. 28:20)

C. *Cristo sufrió el oprobio para que nosotros pudiéramos ser redimidos*
1. "...yo soy gusano... oprobio de los hombres, y despreciado del pueblo" (Sal. 22:6)
2. "Todos los que me ven me escarnecen..." (v. 7)
3. La humillación de Cristo aseguró nuestra salvación (Fil. 2:5-8)
   a. Él perdió su reputación por nuestra redención
   b. Él murió en la cruz para que nosotros pudiéramos tener vida eterna

III. Conclusión

A. *¿Cómo responderá usted a un amor así?*

B. *¿Quiere usted vivir para el que murió por usted?*

EL SALVADOR SUFRIENTE

Serie sobre la cruz. *Salmo 22:12-19*

I. Introducción

A. *El aislamiento de la cruz es inimaginable*

1. Nadie pudo ni quiso ayudar a Cristo en su hora más negra
2. Aun sus discípulos lo abandonaron y huyeron
3. "Estar sin amigos agobia la mente humana" (C. H. Spurgeon)

B. *Los ultrajes de la cruz son insondables*

1. "Ojos profanos miraron en forma insultante la desnudez del Salvador" (C. H. Spurgeon)
2. "Ofendieron la sensibilidad de su sagrada alma"
3. "El primer Adán nos dejó desnudos a todos"
4. "El segundo Adán quedó desnudo para poder vestir a nuestras almas desnudas"

C. *Tratemos de entender el grado del sufrimiento de Cristo*

II. Cuerpo

A. *Él se sintió como agua derramada sobre la tierra (v. 14)*

1. Como agua derramada, Él no tuvo forma ni belleza (Is. 53:2)
2. Jesús es Señor del agua de la Tierra
   a. Caminó sobre el agua
   b. Calmó las olas durante una tormenta en el agua
   c. Él ofrece agua viva a los que creen en Él
3. Ahora Él se sentía como agua vertida en la tierra
4. La cruz fue el ejemplo supremo de la humillación del Santo

B. *Todos sus huesos se descoyuntaron (v. 14)*

1. Piense en el dolor de solo un hueso descoyuntado
   a. Imagine sufrir el descoyuntamiento de todos los huesos
   b. Ahora estamos empezando a percibir el dolor del Salvador sufriente
2. La crucifixión era una de las formas más dolorosas de ejecución (Is. 53)
   a. Él estaba recibiendo las heridas que merecían nuestras transgresiones
   b. Él fue molido por nuestras iniquidades

        c. El sufrimiento que nos tocaba fue puesto sobre Él
    3. El Fuerte sufrió una debilidad extrema
    4. Fue puesto en el polvo de la muerte (Sal. 22:15)
    5. Sus enemigos traspasaron sus manos y sus pies, y lo clavaron en la cruz
  C. *Echaron suertes sobre sus vestiduras (v. 18)*
    1. Los que lo crucificaron partieron sus vestiduras y echaron suertes sobre ellas
    2. Él llegó a vestir a los pecadores con ropas de justicia
        a. Sus enemigos arrebataron su ropa y se la rifaron
        b. Esto fue la esencia del sacrilegio

III. Conclusión

  A. *¿Qué significa para usted el sacrificio de Cristo?*
  B. *¿Ha respondido usted con arrepentimiento y fe a ese amor?*

LA PREOCUPADA ESPOSA DE PILATO

Serie sobre la cruz. *Mateo 27:19*

I. **Introducción**
   A. *Primero ocurrió la traición y el arresto de Jesús (Mt. 26:15, 47-56)*
      1. Los discípulos abandonaron a su Señor (26:56)
      2. Judas experimentó remordimiento y muerte (27:1-10)
   B. *Cristo compareció ante Pilato*
      1. En realidad, Pilato quedó convicto ante Cristo (H. A. Ironside)
      2. El juez terrenal es juzgado ante el Juez de toda la Tierra
   C. *Pilato: el juez que no quiso decidir*
      1. La esposa de Pilato expresó su amorosa preocupación
      2. ¿Qué podemos aprender de esta preocupada mujer?

II. **Cuerpo**
   A. *Ella le dio consejo adecuado a su esposo*
      1. Temía que él tomara la decisión incorrecta respecto a Jesús
      2. Muchas esposas buenas y amorosas han tenido esa misma inquietud
         a. Han anhelado que sus esposos sean salvos
         b. Han orado para que sus esposos respondan al amor de Dios
         c. Han expresado su preocupación de que sus esposos puedan perderse
      3. Han sido sensibles a las advertencias de Dios
         a. Se han derramado muchas lágrimas de esposas por esposos incrédulos o descarriados
         b. Los hombres que tienen esposas interesadas por ellos deben responder a sus peticiones
   B. *Ella tomó la decisión correcta respecto a Jesús*
      1. Concluyó que Jesús era inocente de cualquier maldad
      2. Declaró que Jesús era justo (recto)
      3. Decidió hacer todo lo que podía para salvar a su esposo
         a. Fue impulsada a hacer esto por un sueño
         b. ¿Acaso soñó ella que Pilato comparecería en juicio ante Jesús?
         c. ¿Soñó ella que Pilato recogería el fruto de su rechazo?
         d. ¿Soñó ella que su esposo se hallaría en el infierno?

4. Las esposas que se preocupan por el alma de sus maridos son invaluables
5. Muchas esposas cristianas han hecho que sus esposos se decidan por Cristo

C. *Ella puso el ejemplo correcto para las esposas de todos los tiempos*
1. Hizo lo que pudo por salvar a su esposo de una mala decisión
2. Fue sensible a las advertencias de Dios respecto al alma de su esposo
3. Se arriesgó a ser ridiculizada para alcanzar a su esposo a tiempo
4. Se acercó a su esposo en la mayor crisis de la vida de él

III. Conclusión

A. *Los hombres que tienen esposas que lo arriesgan todo por salvarlos son dichosos*
1. Los hombres casados con mujeres cristianas que se interesan por ellos deben estar agradecidos
2. Las oraciones de las esposas fieles son más valiosas que el oro

B. *¿Qué está haciendo usted por ganar a su esposo para Cristo?*

C. *Los esposos que ahora tienen una posición neutral deben decidirse por Cristo hoy*

LAVADOS EN LA SANGRE

Serie sobre la cruz. *Apocalipsis 1:4-7*

I. Introducción

A. Los efectos de la cruz persisten por todas las edades

1. Juan fue exiliado por su fe en Cristo
2. Mucho después del Calvario, el mensaje de la cruz persiste

B. Juan les recuerda la cruz a las siete iglesias

1. Su gran obra profética comienza con la cruz y la resurrección
2. Las iglesias que olvidan la cruz han perdido su mensaje

C. La preparación para entender la profecía empieza en el Calvario

II. Cuerpo

A. Los lavados son amados (v. 5)

1. "Al que nos amó"
   a. La cruz dice que Dios nos ama (Ro. 5:8)
   b. Cuando se pregunte si Dios lo ama, piense en la cruz (Jn. 3:16)
2. Somos lavados de nuestros pecados por la sangre de Cristo
   a. "…sin derramamiento de sangre no se hace remisión" (He. 9:22)
   b. "…la sangre de Jesucristo… nos limpia de todo pecado" (1 Jn. 1:7)
3. Sin la cruz…, no hay limpieza de pecados
   a. Los ritos religiosos no tienen poder de limpiar del pecado
   b. La sangre de Cristo es el detergente divino que nos limpia

B. Los lavados son exaltados (vv. 5-6)

1. "y nos hizo reyes y sacerdotes…" (v. 6)
   a. Hemos sido levantados de los harapos a la riqueza
   b. Hemos sido exaltados de la posición de labriegos a la de príncipes
2. Estos lavados son ahora aptos para el servicio divino
   a. Vea lo que Dios hizo con unos pocos pescadores

- b. Los hizo personas clave en el establecimiento de su Iglesia
3. Los lavados en su sangre son exaltados del pecado al servicio divino
   - a. Su futuro es tan brillante como las promesas de Dios
   - b. Han sido librados de los límites del tiempo y puestos en la eternidad
   - c. Para los lavados, el firmamento es el límite: les espera el cielo

C. Los lavados son los que esperan (v. 7)

1. Ahora están enfocados en el futuro
   - a. Los pesares quedaron atrás, y el futuro trae las recompensas
   - b. El regreso del Señor es su esperanza bienaventurada (Tit. 2:13)
2. Las pruebas de aquí no pueden vencerlos
   - a. Ven más allá de los problemas de la Tierra a la promesa del regreso de Cristo
   - b. Su atención está fija en el premio que les espera (Fil. 3:13-14)

III. Conclusión

A. ¿Ha sido usted lavado en la sangre del Cordero?
B. Esta limpieza del pecado viene por la fe en Cristo
C. Venga a Cristo y quede limpio

EL QUE ES DIGNO

Concluye la *Serie sobre la cruz.* *Apocalipsis 4:8-11; 5:9-14*

I. Introducción

A. El raudal carmesí recorre la Biblia

1. La sangre fluye desde el primer cordero sacrificado hasta la cruz
2. El sacrificio definitivo del Cordero de Dios trajo la salvación

B. Ninguno de los sacrificios del Antiguo Testamento podía salvar

1. La insuficiente sangre de los animales no podía quitar los pecados (He. 10:4)
2. Estos sacrificios eran solo tipos del sacrificio salvador que había de venir (He. 10:5-10)

C. El que murió en la cruz es el que es digno

II. Cuerpo

A. Él es digno porque es santo (Ap. 4:8)

1. "Santo, santo, santo, Señor Dios Todopoderoso"
2. Jesús era el inmaculado Cordero de Dios
   a. Cuando fue tentado, resistió la prueba en forma triunfante (Mt. 4:1-11)
   b. Ni siquiera Pilato pudo hallar falta en Él (Jn. 18:38)
   c. Pedro y Juan dijeron que Él era santo (Hch. 4:27)
   d. El escritor de Hebreos lo llamó santo, inocente y sin mancha (He. 7:26)
3. Este santo ser fue el sustituto perfecto de los pecadores

B. Él es digno porque es el Creador (Ap. 4:11)

1. "Tú creaste todas las cosas"
   a. Juan insistió en que esta es una de las razones por las que Él es digno
   b. El Creador se dio a sí mismo en la cruz por sus pecaminosas criaturas
2. El cielo entona un canto de redención (Ap. 5:9)
   a. "Tú fuiste inmolado y con tu sangre nos has redimido para Dios"
   b. Hemos sido rescatados por el sacrificio hecho en el Calvario
   c. Como resultado de la cruz, lo mejor está aún por venir

3. El futuro es brillante porque el digno Salvador pagó por nuestros pecados con su sangre

C. Él es digno debido a la resurrección (5:14)

1. Este digno Salvador se levantó de la tumba y vivirá por siempre
   a. Él venció al diablo
   b. Él venció el pecado
   c. Él venció la muerte y el sepulcro
2. Todas las criaturas del universo lo llamarán digno un día
3. Se inclinarán ante Él y declararán que Él es el Señor (Fil. 2:10-11)

III. Conclusión

A. Tenemos un Salvador plenamente capaz

1. Este digno Salvador responde al llamado de los indignos pecadores
2. ¿Lo ha invocado usted para salvación?

B. La cruz estaba en el plan de Dios desde el principio

1. ¡Cuán triste es que usted no se beneficie del magnífico plan de Dios para su vida!
2. Responda con fe al amor del digno Salvador y sea salvo hoy

LA PRUEBA MÁS GRANDE DE TODAS

Hechos 1:11

I. Introducción

A. ¿Cuál es la única pregunta importante en el Domingo de Resurrección?

1. ¿Murió Jesús en la cruz y resucitó?
2. Si la respuesta es “no”, no hay esperanza eterna para nadie
3. Si la respuesta es “sí”, este es el día más grande del año

B. ¿Qué pruebas tenemos de que Cristo resucitó?

1. Hay muchas pruebas infalibles
2. ¿Cuáles son algunas de ellas?
   a. La tumba que había sido sellada y custodiada por guardas se halló vacía Mateo 28:5-6
   b. Los testigos oculares testificaron Mt 28:7
   c. La Iglesia existe hoy Mat 28:19-20
3. La mayor prueba de la resurrección es las vidas transformadas

C. ¿Qué cambios ocurrieron en los testigos?

II. Cuerpo

A. Los objetivos de sus vidas fueron cambiados (Hch. 1:8)

1. Las metas de los discípulos antes de seguir a Cristo eran temporales
   a. Querían el éxito en la pesca u otros trabajos
   b. Querían reunir cuanto pudieran de los bienes de este mundo
2. Las metas de los discípulos después de confiar en Cristo eran eternas
   a. Querían aprender más de Él para ganar más en su reino
   b. Dos de ellos querían sentarse a cada lado de Él en su trono (Mr. 10:37)
3. Las metas de los discípulos tras la resurrección eran ser testigos
   a. Querían cumplir la Gran Comisión (Mt. 28:18-20)
   b. Querían representar a Cristo ante un mundo perdido y en problemas

B. Sus expectativas del futuro cambiaron (Hch. 1:6-11)

1. Uno anhelaba saber si este era el momento para iniciar el reino (v. 6)
2. Ahora ellos entendían que Cristo regresaría para establecer su reino
    a. Ellos debían ocuparse en sus asuntos
    b. Debían ganar a tantos como pudieran, mientras tenían tiempo
    c. Debían vivir vidas santas, mientras esperaban su regreso (1 Jn. 2:28)
3. Pasarían sus vidas esperando ese día

C. Sus actitudes entre ellos cambiaron (vv. 12-14)

1. Ahora todos eran de un mismo parecer
2. Los obstáculos podrían haber estorbado este tipo de unidad
    a. Algunos de los discípulos experimentaron fracasos: Judas, Pedro, el incrédulo Tomás
    b. Todos habían abandonado a Cristo en la cruz y habían huido
3. Ahora se amaban unos a otros, se perdonaban unos a otros y estaban cambiando el mundo

III. Conclusión

A. ¿Qué cambios ha hecho en usted el Cristo resucitado?

B. ¿Qué cambios le permitirá usted que Él haga hoy?

LA MUERTE HA SIDO DERROTADA

1 Corintios 15:51-57

I. Introducción

A. La muerte nos acecha a todos (He. 9:27)

B. ¿Por qué muere la gente?

1. La muerte es el resultado del pecado (Ro. 3:23; 5:12)
2. Los cementerios y los funerales nos recuerdan esta cita que tenemos todos

C. ¿Cómo entonces pudo Pablo burlarse de la muerte?

1. "¿Dónde está, oh muerte, tu aguijón?"
2. "¿Dónde está, oh sepulcro, tu victoria?"

D. ¿Qué ofrece esperanza ante la muerte?

II. Cuerpo

A. El arrebatamiento de Enoc y Elías nos da esperanza

1. Enoc: el primer hombre que escapó de la muerte (Gn. 5:21-24)
   a. Enoc fue el padre del hombre que más vivió: Matusalén
   b. Enoc superó el récord de su hijo: no murió
   c. Enoc caminó con Dios, y Dios se lo llevó (v. 24)
2. Elías: arrebatado al cielo ante los ojos de Eliseo (2 R. 2:9-12)
3. Algunos piensan que estos dos regresarán a ministrar durante la Tribulación (Ap. 11)
   a. Su cita con la muerte se pospuso
   b. Ellos son prueba de que la vida y la muerte están en manos de Dios

B. La resurrección de Cristo nos da esperanza (1 Co. 15:1-8)

1. La derrota de la muerte por Cristo es parte del evangelio
   a. Su resurrección demostró su deidad (Jn. 2:19-21)
   b. Hubo muchos testigos de la resurrección (1 Co. 15:4-8)
2. Él fue declarado Hijo de Dios por su resurrección (Ro. 1:4)
3. Si Cristo no hubiera resucitado, no habría victoria sobre la muerte (1 Co. 15:12-19)
   a. Pablo no habría podido burlarse de la muerte
   b. Todos los que han muerto se habrían ido para siempre

c. Toda la predicación, la fe y el testimonio de Cristo serían en vano

4. La resurrección garantiza la promesa de Dios de vida eterna

a. En Adán todos mueren, pero en Cristo todos serán vivificados (1 Co. 15:22)

b. Nuestra resurrección será similar a la de Cristo

C. El arrebatamiento de los cristianos nos da esperanza (1 Co. 15:51-58)

1. "No todos dormiremos, pero todos seremos transformados"

a. No todos los cristianos morirán

b. Los que vivan en el momento del arrebatamiento escaparán a la muerte

2. No sorprende entonces que Pablo pudiera burlarse confiadamente de la muerte

a. La muerte ha perdido su aguijón para los que confían en Cristo

b. La muerte no tiene la victoria sobre los que pertenecen a Él

3. La muerte ha sido derrotada

III. Conclusión

A. ¿Ha puesto usted su fe en el Cristo resucitado?

B. El Señor viviente nos transforma de víctimas a vencedores

EDIFICAR AL PASTOR

Efesios 4:1-12

I. Introducción

A. El Cristo resucitado edificó su Iglesia

1. Tras la resurrección, vino la ascensión
2. El Cristo ascendido dio dones a su Iglesia

B. Estos dones eran personas encargadas de edificar la Iglesia

1. Él dio apóstoles, profetas, evangelistas, pastores, maestros
2. Hoy nos interesan los pastores y su vital trabajo

C. El pastor es el constructor siempre ocupado

1. Este constructor a menudo necesita que lo edifiquen
2. ¿Cómo puede una iglesia edificar a su pastor?

II. Cuerpo

A. Reconocer al pastor como un don

1. "Y él mismo constituyó a unos... pastores" (v. 11)
    a. Note que quien da este regalo es Cristo
    b. Reciba este don con gratitud
2. Busque las manos y el corazón del donante
3. Dé siempre gracias por este regalo
4. Este es un don de amor de aquel que ama a la Iglesia

B. Vea al pastor como un guía

1. La palabra *pastor* implica que él conduce
2. Los pastores conducen a sus ovejas
    a. No rechace la guía del pastor
    b. Él es responsable de conducir a la iglesia
3. Los pastores llevan a pastos verdes (buen alimento espiritual)
4. Los pastores llevan a lugares junto a aguas tranquilas (dan paz)
5. Los pastores caminan con las ovejas por los valles tenebrosos
6. Los pastores son fuentes de bondad y misericordia

C. Recuerde que el pastor se da de sí mismo

1. Él pasa largas horas satisfaciendo las necesidades de su rebaño
    a. Él repara las cercas y venda las heridas
    b. Él restablece matrimonios y alienta a los que sufren

2. La fatiga de ministrar enfatiza la importancia de la oración
3. ¿Querría usted convertirse en el compañero de oración de su pastor?

D. *Dese cuenta de que el pastor debe hacer participar a su gente*
1. "…la obra del ministerio…" (v. 12)
2. La tarea del pastor es poner a su gente a trabajar
3. Pídale a su pastor que le dé algo que hacer en el servicio de Cristo
4. Sea compañero de su pastor en alcanzar a los perdidos

III. Conclusión

A. *Edificar al pastor edifica a la iglesia*

B. *Los pastores que reciben aliento avivan a sus iglesias*

EDIFICAR A LA IGLESIA

Efesios 4:11-16

I. **Introducción**
   A. *Edificar: una palabra con un importante significado*
      1. Edificar es construir
      2. La meta de este texto es construir el cuerpo de Cristo
   B. *Los líderes de la Iglesia deben edificar la Iglesia*
      1. La Iglesia es el cuerpo de Cristo
      2. ¿Qué podemos hacer para edificar nuestra iglesia?

II. **Cuerpo**
   A. *Podemos dejar de lado nuestras diferencias (v. 13)*
      1. "Hasta que todos lleguemos a la unidad de la fe"
      2. La unidad es vital para que una iglesia sea eficaz
         a. Los que moraban en el aposento alto estaban unánimes (Hch. 1:14)
         b. El día de Pentecostés todos estaban unánimes (Hch. 2:1)
      3. El poder fluye a través de una iglesia unida
      4. La gracia nos permite perdonar a los que nos han hecho mal
   B. *Podemos concentrarnos en Jesús (v. 13)*
      1. "La medida de la estatura de la plenitud de Cristo"
         a. La gente puede fallarnos, pero Jesús nunca falla
         b. Este es el secreto de la vida cristiana consecuente
      2. Cinco palabras que transforman la vida son: "puestos los ojos en Jesús…" (He. 12:2)
         a. Estas palabras eliminan todas las excusas para el fracaso
         b. No se permite ocultarse tras los hipócritas
         c. Cristo, el Perfecto, conduce a niveles superiores
      3. Nuestra relación con Cristo se revela por la forma en que vivimos
   C. *Podemos volver a los fundamentos (v. 14)*
      1. Muchos ostentosos esfuerzos por edificar iglesias avanzan a duras penas
         a. Puede ser que se enfaticen los programas más que la gente
         b. Algunos siguen una estrategia que no es salvar pecadores

2. Debemos basarnos en la sana doctrina, no en supuestas nuevas revelaciones
    a. Los vientos de la falsa doctrina soplan continuamente
    b. Astutos personajes falsos están a la espera para engañar
3. ¿Cómo podemos contrarrestar las falsas enseñanzas y edificar la iglesia?

D. *Podemos decir la verdad en amor (v. 15)*

1. La verdad y el amor se combinan en forma dinámica
    a. El evangelio es la verdad, así que volvamos a él
    b. Presentar el evangelio en amor trae los pecadores a Cristo
2. Los nuevos convertidos hacen crecer la iglesia y traen nueva vida

III. Conclusión

A. *La meta de una iglesia debe ser edificar a sus miembros*

B. *La iglesia es un organismo, todos crecen al crecer cada miembro*

C. *Edificar una iglesia trae como resultado evangelizar a la comunidad*

FIRMEMENTE ASIDO DE LAS PROMESAS

Josué 21:43-45

I. Introducción

A. Imagine al fin la paz

1. Un capitán vencedor disfruta de sus victorias
2. Josué se regocija en la fidelidad de Dios

B. Todos enfrentamos batallas en la vida

1. Algunas son batallas cotidianas con los problemas comunes de la vida
2. Algunas son encuentros de vida o muerte con la enfermedad o el desaliento
3. Algunas implican conflictos con personas: empleadores, vecinos, etc.

C. Josué enfrentó poderosos oponentes y ganó

II. Cuerpo

A. Josué necesitaba las promesas de Dios (Jos. 1:1-2)

1. Sus responsabilidades eran inmensas
   a. Moisés había muerto, y Josué debía tomar el mando
   b. Él debía llevar a su pueblo a la Tierra Prometida
2. Su predecesor había enfrentado muchas dificultades
   a. El pueblo se había quejado de su liderazgo
   b. Continuamente, querían retroceder y darse por vencidos
3. ¿Cómo podía Josué esperar tener éxito en estas condiciones?
4. Su única esperanza era que Dios prevaleciera

B. ¿Cuáles eran esas promesas? (vv. 3-9)

1. Canaán sería conquistada y ocupada (v. 3)
2. Josué podría vencer a sus enemigos (v. 5)
3. El Señor estaría continuamente con él (v. 5)
4. El Señor nunca lo abandonaría (v. 5)
5. No debía temer ni desmayar (v. 9)

C. Las promesas que se nos dieron son igualmente seguras

1. Se nos ha prometido la victoria final (1 Co. 15:57)
2. El Señor prometió estar con nosotros para siempre (Mt. 28:20)
3. Se nos prometió que el Señor nunca nos desamparará (He. 13:5-6)

4. Se nos dice que nunca temamos ni desmayemos (Is. 41:10-13)

D. Josué descubrió que las promesas de Dios eran verdaderas, y nosotros también lo haremos

1. El Señor le dio a Josué todo lo que prometió (Jos. 21:43-45)
   a. El pueblo de Josué poseyó la tierra
   b. Josué y su pueblo tuvieron reposo
   c. Sus enemigos fueron silenciados y derrotados
2. Jesús derrotó a nuestro enemigo en la cruz (Jn. 19:30)
3. La resurrección garantiza a nuestro Salvador y la salvación (Ro. 1:4)

III. Conclusión

A. Nosotros también podemos confiar en las promesas de Dios

B. ¿Qué batallas está enfrentando usted?

C. Confíe en Dios y obtenga cada día la victoria

EL PECADO DE NO ORAR

1 Samuel 12:1-23

I. Introducción

A. Samuel: el hombre rechazado por su pueblo (vv. 1-2)

1. Samuel había sido un fiel líder de Israel
2. La gente quería un rey, de modo que lo rechazaron

B. Samuel había sido fiel y honrado (vv. 3-5)

1. Desafió a quienes lo escuchaban a hallar cualquier falta de honradez en él
2. Ellos no pudieron hallar ninguna, pero aun así lo rechazaron

C. Samuel dio un buen consejo (vv. 20-23)

1. "No temáis: Servid al Señor con todo vuestro corazón"
2. Él prometió instruirlos en el camino bueno y recto

D. Samuel prometió orar (v. 23)

1. "Lejos sea de mí que yo peque contra Jehová cesando de rogar por vosotros"
2. ¿Qué podemos aprender de la sorprendente declaración de Samuel?

II. Cuerpo

A. La falta de oración es pecaminosa

1. La oración es uno de los mayores privilegios de la vida
   a. Al orar conversamos con Dios
   b. La falta de oración es ateísmo en la práctica
2. Orar es un acto de fe
   a. Podemos hablarle a Dios porque creemos en Él
   b. Oramos porque creemos que Él nos oye
3. Oramos porque Dios nos ha invitado a hacerlo
   a. Piense en las múltiples invitaciones a orar (Jer. 33:3; Mt. 6:7-13; 9:37-38; 18:19-20)
   b. Recuerde cómo oraban los cristianos primitivos (Hch. 4:31)

B. La falta de oración nos priva de muchas bendiciones

1. No tenemos porque no pedimos (Stg. 4:2)
2. Pedir y recibir son gozos de la vida cristiana
   a. El Señor nos invita a pedir y recibir (Mt. 7:7-8)
   b. Dios desea darnos muchas cosas (Lc. 11:9-13)
3. La falta de oración impide el avivamiento en las iglesias (Sal. 85:6)

4. "Toda gran obra de Dios se puede rastrear hasta una figura arrodillada" (D. L. Moody)

C. *La falta de oración puede indicar que somos renuentes a perdonar*
   1. Samuel pudo haberse sentido justificado a no orar por su pueblo
      a. Ellos habían sido rebeldes a su liderazgo
      b. Lo habían rechazado a favor de Saúl
   2. Este buen hombre hizo a un lado esos sentimientos y los perdonó
   3. Él dijo que dejar de orar por estas personas sería pecar contra Dios

III. Conclusión

A. *¿Quién quiere perdonar a otros y orar por ellos?*

B. *¿Quién quiere pedir grandes cosas y esperar respuestas a sus oraciones?*

Mayo

LOS SABIOS GANAN

Se inicia la *Serie sobre Proverbios.* *Proverbios 1:1-7*

I. Introducción

A. Salomón: el hombre que anhelaba ser sabio

1. Dios ofreció darle a Salomón lo que quisiera (1 R. 3:5)
2. ¿Cómo responderíamos nosotros a una oferta tan generosa?
3. Salomón pidió sabiduría para dirigir a su pueblo

B. Dios contestó la oración de Salomón (1 R. 3:12-14)

1. Salomón recibió un corazón sabio y entendido
2. También se le prometieron riquezas, honor y una larga vida

C. El libro de Proverbios revela la sabiduría de Salomón

1. Este libro es una guía para obtener y usar la sabiduría
2. Necesitamos la sabiduría de Dios para vivir vidas exitosas

II. Cuerpo

A. El propósito del libro de Proverbios es enseñar la sabiduría de Dios (vv. 1-4)

1. Proverbios imparte sabiduría
   a. La mente humana tiene un gran potencial
   b. Hemos sido creados con la capacidad de recibir sabiduría
   c. Nuestra capacidad de razonar nos separa de los animales
2. Proverbios nos instruye para entender a Dios y su plan para la gente
3. Proverbios nos permite captar el significado de la justicia y la equidad
4. ¿Cómo se demuestran estos propósitos en nuestras vidas?

B. El beneficio del libro de Proverbios es entender (vv. 5-6)

1. Este libro nos instruye sobre la prioridad de la sabiduría
2. Los sabios dan prioridad al aprendizaje
   a. Escuchan el consejo sabio
   b. Obtienen entendimiento
3. Los sabios hallan la clave a los misterios de la vida
   a. Saben cómo interpretar el consejo de los maestros
   b. Las profecías están abiertas a su comprensión

c. Viven tomando en cuenta los signos de los tiempos

C. La persona de Proverbios es Dios (v. 7)

1. Obtenemos sabiduría mediante una relación con Dios
2. El conocimiento empieza con el temor del Señor
    a. Nos volvemos sabios a través de una relación con Dios
    b. "El temor de Jehová" significa una confianza reverente en Él
3. Cristo es la sabiduría personificada
    a. Vea cómo se explica esto en Proverbios 8
    b. Observe la declaración de Pablo respecto a esta verdad (Col. 2:2-3)
4. Los sabios deben recibir al Sabio por fe

III. Conclusión

A. El sabio edifica su casa sobre una roca (Mt. 7:24-27)

B. Cristo es la Roca: edifique su vida sobre Él

DESCUBRIR LA DIRECCIÓN DE DIOS

Serie sobre Proverbios. *Proverbios 3:5-6*

I. Introducción

A. La mayor meta de la vida es Dios

1. Nuestro propósito es descubrir la voluntad de Dios y hacerla
2. ¿Cómo podemos descubrir la voluntad de Dios y hacerla?

B. Salomón tenía una solución de cinco palabras

1. Observe las cinco palabras: fíate, no te apoyes, reconoce
2. Estas cinco palabras llevan al corazón de la voluntad de Dios

II. Cuerpo

A. "Fíate de Jehová de todo tu corazón"

1. La confianza inicia una relación personal con Dios
   a. Confiar es creer, es tener fe
   b. Esa fue la respuesta de Pablo al carcelero de Filipos (Hch. 16:31)
2. La salvación es solo por fe (Ro. 5:1)
   a. La gracia hace esto posible (Ef. 2:8-9)
   b. La fe trae una vida eterna que se inicia de inmediato (Jn. 3:36)

B. "No te apoyes en tu propia prudencia"

1. "Los que se conocen descubren que su propia comprensión es una caña rota que, si se apoyan en ella, fallará" (Matthew Henry)
2. Nuestra comprensión de todas las cosas se limita a nuestra inteligencia o experiencia
3. La comprensión de Dios está muy por encima de la de toda la gente (Is. 55:8-9)
4. Descubrimos la sabiduría de Dios en las Escrituras
   a. Las Escrituras hicieron a David más sabio que sus maestros (Sal. 119:99)
   b. Descubrimos la voluntad de Dios mediante oración y estudio bíblico
5. "Nada que se haga con suficiente oración generará pesar al final" (Charles Bridges)

C. "Reconócelo en todos tus caminos"

1. Reconocer al Señor en todas las cosas es una rendición total a Él

2. Reconozca al Señor en todo pensamiento y palabra
3. Reconozca al Señor en el trabajo y en el hogar
4. Reconozca al Señor en los días luminosos y en los días sombríos
5. Reconozca al Señor en las experiencias de la vida y en sus reacciones ante la vida
6. Reconozca al Señor cuando esté con santos o con perversos

III. Conclusión

A. *La dirección de Dios no garantiza perfección*
   1. "La promesa de la guía de Dios no nos hace infalibles, nuestros errores serán anulados para producir mayor humildad" (Charles Bridges)
   2. Solo somos pecadores salvos por gracia, pero dirigidos por Dios de un lugar a otro

B. *Es un privilegio ser parte del plan de Dios*
   1. ¿Ha empezado usted por la fe que produce salvación?
   2. ¿Ha decidido usted confiar totalmente en Dios para obtener dirección?
   3. ¿Se ha rendido usted completamente a la voluntad del Padre?

C. *La dirección del Señor producirá propósito y gozo*

CONSEJOS DE LA MADRE DE UN REY

Día de la madre. *Proverbios 31:10-31*
Serie sobre Proverbios.

I. Introducción

A. Una madre expresa interés por el futuro de su hijo

1. Le aconseja respecto a una de las decisiones más importantes de la vida
    a. Se preocupa por su elección de una esposa
    b. Es la segunda elección más importante en la vida
2. Ella describe el tipo de esposa que quiere que él escoja

B. El consejo de esta madre es verdadero e invaluable

1. Cubre un plan, un precio, una persona y un pago
2. ¿Qué tiene este plan que ver con usted y conmigo?

II. Cuerpo

A. El plan es de Dios (v. 10)

1. La madre del rey reconoce el plan de Dios para las familias
    a. Ella sabe que será natural que su hijo busque una esposa
    b. Esto revela su comprensión del plan de Dios para la creación
2. Había que completar lo único inconcluso en la creación de Dios
    a. Toda la creación fue declarada buena, excepto el hecho de que Adán estuviera solo (Gn. 2:18)
    b. Eva fue creada de la costilla de Adán para ser su esposa
        (1) No fue creada de su cabeza para estar por encima de él ni de sus pies para estar por debajo
        (2) Fue creada de su costado para estar junto a él, cerca de su corazón para que él la amara.

B. El precio es inestimable (v. 10)

1. Esta mujer es más valiosa que los rubíes
2. ¿Quién puede estimar el valor de una buena mujer?
    a. Piense en su amor, su fidelidad y su trabajo
    b. Piense en su contribución como madre y ama de casa
3. ¡Qué gran contribución han hecho las madres!
    a. "Debo a mi madre todo lo que soy" (D. L. Moody)

b. La madre de Lincoln le enseñó la honradez y la obediencia
c. "Dé la alegría a otros; dele el resto a Jesús" (La madre de Juan Wesley)

C. La persona es irremplazable (vv. 11-27)

1. El carácter y la integridad de esta mujer son impecables
   a. Ella es fiel, confiable, compasiva y leal
   b. Mantiene bien su casa y edifica constantemente a su esposo
2. Cuida de sus hijos y aumenta la reputación de su marido

D. El pago es eterno (vv. 28-31)

1. Sus hijos se levantan y la llaman bienaventurada
2. Su marido la elogia
3. A ella le esperan recompensas eternas

III. Conclusión

A. ¿Cómo ha influido su madre en la vida de usted?

B. ¿Es usted una prueba viviente del poder de la fe de ella?

CUATRO CLAVES PARA EL ÉXITO ESPIRITUAL

Serie sobre Proverbios. *Proverbios 3:7-10*

I. **Introducción**
  A. *Salomón recibió una fabulosa fórmula para las bendiciones*
    1. Cuatro pasos que llevan a una vida abundante
    2. Cuatro reglas básicas que conducen a la victoria diaria
  B. *¿Cuáles son estas claves para el éxito espiritual?*
    1. La humildad: la cualidad que nos hace semejantes a Cristo
    2. La santidad: la característica que nos identifica como cristianos
    3. La salud: los beneficios físicos que derivan de estar bien con Dios
    4. La honra: las dádivas que ofrecemos a Dios porque lo amamos
  C. *Piense en estas claves*

II. **Cuerpo**
  A. *La humildad nos hace semejantes a Cristo*
    1. "No seas sabio en tu propia opinión..." (v. 7)
      a. El orgullo es el primer paso hacia una caída (Pr. 16:18)
      b. El orgullo nos identifica con los fariseos
    2. Piense en la humildad de Jesús (Fil. 2:5-7)
      a. Él nació humildemente en un establo
      b. Él se despojó de su renombre
      c. Él tomó forma de siervo
      d. Él se hizo obediente hasta la muerte de cruz
  B. *La santidad nos identifica como cristianos*
    1. "...teme a Jehová, y apártate del mal" (Pr. 3:7)
    2. Temer al Señor es tener una confianza reverente en Él
      a. Aquí es donde empiezan el arrepentimiento y la fe
      b. Reconociendo nuestros pecados, acudimos con fe a Él para obtener salvación
    3. Reconocemos la santa vida de Jesús como nuestro ejemplo
      a. Confiando en Cristo como Salvador, recibimos el poder para vivir victoriosamente
      b. La tentación se limita entonces a lo que podemos vencer (1 Co. 10:13)

c. Otros ven nuestra nueva vida y reconocen a Cristo en nosotros

C. *La salud mejora debido a una vida santa*
1. Podemos perdonar porque hemos sido perdonados
2. Podemos dejar de preocuparnos porque hemos aprendido a confiar en Dios
3. Hallamos un verdadero gozo porque andamos en la voluntad de Dios
4. La nueva vida en Cristo mejora la salud de cuerpo y alma

D. *Honrar a Dios en nuestras dádivas aumenta sus bendiciones*
1. "Honra a Jehová con tus bienes..." (v. 9)
2. Dar nos enseña el gozo de vivir por fe
   a. El temor dice: "Tengo miedo de dar"
   b. La fe dice: "Estoy tan bendecido que no puedo retener"

III. Conclusión

A. *¿Ha estado usted usando las cuatro claves del éxito espiritual?*

B. *¿Quiere empezar a usarlas hoy?*

CUANDO DIOS CORRIGE A SUS HIJOS

Serie sobre Proverbios. *Proverbios 3:11-12*

I. Introducción

A. Este es un mensaje para la familia de Dios
1. Este texto se refiere a asuntos familiares
2. Todo hijo de Dios debe atender este llamado

B. Aquí hay tres preguntas importantes para la familia
1. ¿Cómo se entra en la familia de Dios?
2. ¿Por qué disciplina Dios a su familia?
3. ¿Qué deleita a Dios respecto a sus hijos?

C. Consideremos estas importantes preguntas

II. Cuerpo

A. ¿Cómo se entra en la familia de Dios?
1. No somos naturalmente hijos de Dios
   a. Todos somos pecadores (Ro. 3:23)
   b. Somos por naturaleza enemigos de Dios (Ro. 5:10)
2. El amor de Dios nos toma tal como estamos (Ro. 5:8)
   a. "Siendo aún pecadores, Cristo murió por nosotros"
   b. Somos reconciliados con Dios por la muerte de su Hijo
3. Entramos en la familia de Dios al nacer de nuevo (Jn. 3:3-7)
   a. Nacemos de nuevo al recibir a Cristo (Jn.1:12)
   b. ¿Ya nació usted de nuevo?

B. ¿Por qué disciplina Dios a sus hijos?
1. "No menosprecies, hijo mío, el castigo de Jehová"
   a. Los miembros de la familia de Dios deben esperar castigo
   b. El castigo prueba que somos parte de la familia de Dios
2. "Dios es Dios de orden. Su familia debe estar regida por su disciplina" (H. A. Ironside)
   a. Los problemas de la vida de los hijos de Dios tienen un propósito
   b. Este propósito es hacernos como Jesús (Ro. 8:28-29)
3. El castigo (la corrección) es evidencia de que estamos en la familia de Dios
   a. El castigo no es agradable, pero prueba que estamos en la fe (He. 12:10-11)

b. Debemos ver el castigo como evidencia del amor de nuestro Padre

C. ¿Qué deleita a Dios respecto a sus hijos?

1. Dios se deleita con nuestra respuesta obediente a su amor
2. Dios se deleita cuando aprendemos de su corrección
3. Dios se deleita cuando su castigo produce una vida santa
   a. Nunca debemos fatigarnos de la corrección de Dios
   b. Su meta es desarrollar hijos obedientes que puedan ser bendecidos
4. ¿Ha experimentado usted el castigo de Dios?
5. ¿Cómo ha respondido usted a la corrección de Dios?

III. Conclusión

A. La corrección de Dios es un asunto familiar

B. Dios nos corrige porque su familia le importa

C. ¿Cómo responderá usted a la obra de Dios en su vida hoy?

SIETE COSAS QUE DIOS ABORRECE, PARTE 1

Serie sobre Proverbios. *Proverbios 6:16-19*

I. Introducción

A. El amor de Dios está más allá de nuestra comprensión

1. Él ama a los pecadores perdidos (Ro. 5:8)
2. Su amor hizo posible la salvación (Jn. 3:16)
3. Su amor envió a Jesús a la cruz (1 Jn. 4:10)

B. Dios aborrece las cosas que producen dolor a sus hijos

C. Hay siete causas de dolor que Dios aborrece

1. Hoy consideraremos tres de ellas
2. Este texto es serio, revela lo que Dios aborrece

II. Cuerpo

A. Dios aborrece los ojos altivos (v. 17)

1. El orgullo produjo la caída de Lucifer (Is. 14:12-15; Ez. 28:11-17)
2. El orgullo precede a la destrucción (Pr. 16:18)
3. "Los ojos altivos no pertenecen al que ha aprendido a los pies de Aquel que es 'manso y humilde de corazón'" (H. A. Ironside)
4. Piense en el ejemplo del salmista: "Jehová, no se ha envanecido mi corazón, ni mis ojos se enaltecieron" (Sal. 131:1)
5. "La humildad aquí se relaciona con un corazón santificado, una voluntad sometida a la mente de Dios" (C. H. Spurgeon)

B. Dios aborrece la lengua mentirosa (v. 17)

1. "No hablarás contra tu prójimo falso testimonio" (Éx. 20:16)
2. La mentira empezó en el huerto de Edén ("…No moriréis…", Gn. 3:4)
3. Jesús llamó a Satán el padre de mentira (Jn. 8:44)
4. Dios desea la verdad en lo íntimo: un corazón íntegro (Sal. 51:6)
5. "Dios no solo desea virtud externa sino también pureza interna" (C. H. Spurgeon)
6. Jesús dijo: "Yo soy el camino, y la verdad, y la vida" (Jn. 14:6)

C. Dios aborrece las manos derramadoras de sangre inocente (v. 17)

1. Dios sufrió por esto desde el principio: Caín y Abel (Gn. 4:5)
2. "No matarás" (Éx. 20:13)
3. Dios está a favor de la vida: relacione esto con la tragedia del aborto
4. Recuerde la muerte del Ser inocente en la cruz
   a. Ni siquiera Pilato pudo hallar falta en Jesús
   b. Cristo era santo, inocente e inmaculado (He. 7:26)
   c. El impecable y silencioso Salvador sufrió por nuestros pecados

III. Conclusión

A. *Aunque Dios aborrece el pecado, ofrece pleno perdón*
1. ¿Puede usted identificar algo que Dios aborrezca en su vida?
2. Hay esperanza para usted por la gracia de Dios (Ef. 2:8-9)

B. *La cruz proporciona perdón por todos los pecados*
1. Cristo murió para pagar por nuestros pecados (Is. 53:5-6)
2. Los pecados que Dios aborrece pueden ser perdonados (1 Co. 6:9-11)

C. *Venga tal como está al clemente Salvador*

SIETE COSAS QUE DIOS ABORRECE, PARTE 2

Serie sobre Proverbios. *Proverbios 6:16-19*

I. Introducción

A. *Algunos no pueden imaginar que Dios aborrezca algo*
   1. Lo ven como Alguien que acepta cualquier cosa
   2. Salomón nos dice que esto no es cierto: Dios aborrece el mal

B. *Dios ama a los pecadores, pero aborrece el pecado*
   1. En este texto, se nos habla de siete cosas que Dios aborrece
   2. Repasemos las tres primeras:
      a. Dios aborrece la mirada altiva
      b. Dios aborrece la lengua mentirosa
      c. Dios aborrece las manos que derraman sangre

C. *Hay cuatro advertencias restantes*

II. Cuerpo

A. *Dios aborrece el corazón que maquina pensamientos inicuos (v. 18)*
   1. El corazón es el centro de todos nuestros problemas (Jer. 17:9)
      a. El corazón es engañoso más que todas las cosas
      b. El corazón es desesperadamente perverso
   2. No deberíamos sorprendernos de los pecados: fluyen de corazones perversos
   3. Esta es la razón por la que todos han pecado y están destituidos de la gloria de Dios (Ro. 3:10-23)
   4. La salvación es el resultado de un corazón que se abre al Salvador (Ro. 10:9, 13; Ap. 3:20)

B. *Dios aborrece los pies presurosos para correr al mal (v. 18)*
   1. Los pies se apresuran a ejecutar las intenciones perversas del corazón
   2. "Los pies van a donde el corazón ya ha llegado" (H. A. Ironside)
   3. ¿Qué podemos hacer para que nuestro corazón sea siempre bueno?
      a. La respuesta se halla en guardar la Palabra de Dios en el corazón (Sal. 119:9-11)
      b. El pecado nos aleja de la Biblia, y la Biblia nos guarda del pecado

4. "Ninguna cura para el pecado en la vida es igual a la Palabra en el corazón" (C. H. Spurgeon)

C. *Dios aborrece al testigo mentiroso (v. 19)*
1. Nuestro máximo llamado de Dios es a testificar de Cristo (Hch. 1:8)
   a. Nuestras lenguas deben usarse para hablar la mayor verdad
   b. La gente de todas partes debe oír el mensaje del evangelio
2. ¡Qué tragedia cuando usamos nuestras lenguas para mentir respecto a las personas!
3. Concentrémonos en la perfección de Cristo más bien que en las imperfecciones de otros

D. *Dios aborrece al que siembra discordia en la Iglesia (v. 19)*
1. Dios se complace cuando su pueblo está unido en amor (Sal. 133:1)
2. La unidad fue una de las razones del poder de la iglesia primitiva (Hch. 1:14; 2:1)
3. Los que dividen la Iglesia desagradan a su Señor y se ponen en peligro

III. Conclusión

A. *Limpiemos nuestras vidas de las cosas que Dios aborrece*
1. La confesión del pecado produce limpieza (1 Jn. 1:7-9)
2. Los corazones limpios aborrecen todo lo que aflige a su Señor

B. *Cuando amamos lo que Dios ama, aborreceremos lo que Él aborrece*

CONVIÉRTASE EN UN ÁRBOL DE VIDA

Serie sobre Proverbios. *Proverbios 11:30*

I. Introducción

A. ¿Cuál era el árbol más valioso en el Edén?

1. Imagine la belleza del magnífico jardín de Dios
2. Dos árboles captan nuestra atención
   a. Uno es el árbol del conocimiento del bien y del mal (Gn. 3:1-4)
   b. El otro es el árbol de la vida (Gn. 3:22-24)

B. El árbol de la vida ha sido trasplantado al cielo (Ap. 22:2)

C. Por todo el mundo, hay árboles de vida andantes (Pr. 11:30)

1. "El fruto del justo es árbol de vida"
2. Cada cristiano debe convertirse en un árbol de vida
3. Este es un llamado a evangelizar
4. "Los justos son como árboles de vida; y su influencia en la tierra, como los frutos de ese árbol, apoya y fortalece la vida espiritual de muchos" (Matthew Henry)

II. Cuerpo

A. Se nos ha llamado a evangelizar a los niños

1. Nuestro Señor ama a los niños (Mt. 18:1-6; Mr. 10:13-16)
2. El evangelismo a los niños es una tarea importante
3. ¿Dónde están los que llegarán hasta los niños?
4. Traer los niños a Cristo a menudo permite alcanzar a sus padres

B. Se nos ha llamado a evangelizar a los adultos

1. Hay adultos de todo tipo y con diversas necesidades
   a. Los adultos cargan con muchos problemas
   b. Los adultos que sonríen pueden tener lágrimas casi a flor de piel
2. ¿Quién buscará cada día a los adultos que necesitan a Cristo?
3. Jesús buscó constantemente a los que estaban en problemas
   a. Nicodemo era religioso, pero estaba perdido (Jn. 3)
   b. Zaqueo era rico, pero estaba perdido (Lc. 19)
4. Debemos ver los temores ocultos tras el rostro de las personas
5. Debemos ver las lágrimas ocultas tras las sonrisas de las personas

C. *Se nos ha llamado a evangelizar a los que están más cerca de la eternidad*
   1. La vida es breve, la muerte es segura
   2. El pecado es la causa, Cristo es la cura
   3. Debemos llegar a los que están por morir (He. 9:27)
   4. Debemos comunicar las buenas nuevas a los que han perdido la esperanza
   5. Debemos romper nuestra apatía y arrebatar almas del infierno

III. Conclusión

A. *Los sabios evangelizan usando todos los medios posibles*

B. *¿Quién quiere ser un árbol de vida para otra persona hoy?*
   1. "Este es el fruto de la rama floreciente. Lo que el árbol de la vida fue en el Paraíso lo será en el cielo; es fruto en el desierto: fecundo, nutritivo, sanador. Y, sin duda, el que gana almas por estos medios para la justicia y la salvación es realmente sabio" (Sermón del obispo Horne sobre el Árbol de Vida).
   2. A los que alcanzan a los perdidos les esperan recompensas eternas

LA SERPIENTE EN SU COPA

Concluye la *Serie sobre Proverbios.* *Proverbios 20:1; 23:29-35*

I. Introducción

A. Una advertencia que se descuida es una oportunidad que se pierde

1. Demasiados púlpitos están en silencio respecto a esta seria advertencia
2. "¿Quién puede nombrar las calamidades, los corazones rotos, las vidas marchitas y las almas perdidas que han sido el resultado de no prestar atención a la advertencia del versículo con que se abre este capítulo?" (H. A. Ironside)

B. Las calamidades del vino son múltiples (Pr. 23:29-35)

1. Los síntomas de estas calamidades son muchos (vv. 29-30)
2. La fuente de estas calamidades parece inocente (v. 31)
3. El sufrimiento por estas calamidades aumentará (vv. 32-35)

C. Resuma el sufrimiento que produce el alcohol

II. Cuerpo

A. Los síntomas de las calamidades del vino son muchos (vv. 29-30)

1. Seis preguntas identifican la historia de sufrimiento del alcohol
   a. Tres se relacionan con ayes, dolores y rencillas
   b. Tres se relacionan con quejas, heridas y ojos amoratados
2. Estas compensan la euforia momentánea del alcohol
3. "¿Cuál debe ser la inconcebible insensibilidad que puede tener un momento de gozo con tal acumulación de aflicción?" (Charles Bridges)
4. "La historia de las bebidas fuertes es la historia de la ruina, de las lágrimas, de la sangre. Es quizás la mayor maldición que jamás ha azotado la Tierra" (Joseph Seiss).

B. La fuente de estas calamidades parece inocente (v. 31)

1. Las calamidades manan del uso de vino embriagante
2. Las palabras hebreas traducidas como vino no siempre significan vino fermentado

a. Véase *Bible Wines or Laws of Fermentation and Wines of the Ancients* [Vinos de la Biblia o Leyes de fermentación y vinos de los antiguos] por William Patton
b. Véase *Alcohol: The Beloved Enemy* [Alcohol, el enemigo amado] por Jack Van Impe y Roger Campbell

3. El jugo de uva se llama vino, mientras está en las viñas, mientras se trae desde los campos y mientras fluye de las prensas (Dt. 11:14; Neh. 10:37-39; Is. 65:8)
4. Salomón advierte contra el uso del vino cuando está fermentado (Pr. 23:31-32)
   a. "No mires al vino cuando rojea..."
   b. No desee el vino cuando está fermentado y embriaga

C. El sufrimiento por estas calamidades aumentará (vv. 32-35)

1. El vino embriagante es a menudo fuente de sufrimiento
   a. Muerde como serpiente y como áspid da dolor
   b. Cuídese de la serpiente que está en su copa
2. El alcohol se relaciona frecuentemente con la inmoralidad (v. 33)
3. El alcohol crea la servidumbre de la adicción (v. 35)

III. Conclusión

A. La salvación es mejor que el vino (Jn. 7:37-38)
B. El compañerismo cristiano es mejor que el vino (Ef. 5:18-21)
C. El agua viva apaga la sed del alma (Ap. 22:17)

SIN AVERGONZARSE

Romanos 1:16

I. Introducción

A. *La mayor deficiencia actual en las iglesias es el evangelismo*

1. ¿Qué ha causado esta pérdida de pasión por las almas?
2. ¿Por qué hay tan pocos ganadores de almas en las congregaciones locales?
3. ¿Por qué los programas han remplazado la pasión por los perdidos?

B. *¿Han llegado los cristianos a avergonzarse del evangelio?*

1. ¿Qué es el evangelio?
2. El evangelio se basa en la muerte, sepultura y resurrección de Cristo
3. Este mensaje de salvación nunca ha cambiado (1 Co. 15:3-4)
4. Piense en el valiente ejemplo de Pablo para todos nosotros

II. Cuerpo

A. *Pablo declaró que él no se avergonzaba del evangelio*

1. "Porque no me avergüenzo del evangelio"
   a. Pablo fue una vez enemigo del evangelio
   b. Su conversión en el camino a Damasco lo transformó (Hch. 9)
2. Este antiguo perseguidor se convirtió en predicador del evangelio
   a. Él pasó el resto de su vida hablándoles a otros de Cristo
   b. Predicó con pasión, lágrimas y propósito
3. Ponga a Pablo en cualquier lugar, y él hablará del amor de Cristo
   a. Póngalo ante líderes políticos, y él dará su testimonio
   b. Póngalo en prisión, y orará, cantará alabanzas y ganará al carcelero para Cristo

B. *Pablo se deleitaba en el poder del evangelio*

1. "Es poder de Dios para salvación"
2. Pablo sabía lo que el evangelio había hecho por él
   a. Lo transformó de perseguidor en predicador apasionado

- b. Lo convirtió de un hombre que odiaba, a un hombre que amaba
3. Pablo había sido testigo del poder del evangelio para cambiar a otros
   - a. "…si alguno está en Cristo, nueva criatura es…" (2 Co. 5:17)
   - b. Él conocía personas que ahora aborrecían lo que una vez amaron
   - c. Estas mismas personas amaban lo que una vez odiaron
4. Él sabía que el poder del evangelio podía cambiar a cualquiera

C. *Pablo estaba decidido a predicar el evangelio a otros*

1. Él se gloriaba en la disponibilidad de la salvación para todos los que creen
   - a. "A todo aquel que cree"
   - b. Judíos y gentiles por igual pueden ser salvos
2. Él no se avergonzaba de hablarle a cualquiera del evangelio
3. Predicar el evangelio llenaba su vida de bendición y aventura
4. ¿Cuántos están listos a consagrarse como Pablo?

III. Conclusión

A. *Lancemos un nuevo esfuerzo de evangelismo en nuestra comunidad*

B. *Demostremos que no nos avergonzamos del evangelio de Cristo*

EL VALOR DE UN ALMA

Marcos 8:36

I. Introducción

A. *La parte importante de todos nosotros es invisible*
   1. La mayor parte de nuestra atención se da a nuestros cuerpos
      a. Gastamos dinero en la apariencia personal
      b. Compramos ropa y usamos tinte y acondicionadores para el cabello
   2. Se pasa demasiado tiempo en glorificar las casas temporales donde vivimos

B. *Jesús llamó la atención hacia el alma*
   1. ¿Cuánto hace que usted consideró el valor de su alma?
   2. ¿Cuánto le importan a usted las almas de otros?

C. *Cristo es la prueba del valor del alma*

II. Cuerpo

A. *Cristo hizo una pregunta*
   1. "¿De qué aprovechará al hombre…?"
      a. La búsqueda de riquezas, propiedades y éxito es vana
      b. Todo esto perecerá en breve
   2. ¿Qué pasaría si uno pudiera ser el dueño de toda la Tierra?
      a. Aun así, eso solo tendría un valor pasajero
      b. Todo lo que vemos es temporal
   3. Salomón concluyó que "todo es vanidad" (Ec. 1)
   4. La sabiduría pide que nos interesemos en el alma

B. *El costo de la cruz es inestimable*
   1. ¿Se pregunta usted si Dios lo ama? Piense en la cruz
      a. Cristo soportó la cruz para salvar las almas pecadoras
      b. El precio pagado en la cruz hizo posible la salvación
   2. Isaías escribió una conmovedora descripción del sufrimiento de Cristo (Is. 53:5-6)
      a. Él fue herido por nuestras transgresiones
      b. Él fue molido por nuestras iniquidades
   3. Los escritores de los Evangelios describen con gran detalle las agonías de la cruz
   4. El ladrón de la cruz se encontró frente a frente con el valor de su alma

a. Durante sus últimos momentos, fue honrado respecto a la eternidad
b. ¿Ha sido usted tan honrado como este ladrón moribundo?

C. *Contrastemos el tiempo y la eternidad*
1. Todos debemos enfrentar diariamente este contraste
   a. La vida es como una flor que se marchita (Stg. 1:11)
   b. La vida es como un vapor que aparece y se desvanece (Stg. 4:14)
2. Dese cuenta de la locura del rico insensato (Lc. 12:15-21)
3. Piense en el rico y en Lázaro (Lc. 16:19-31)

III. Conclusión

A. *La vida del hombre sigue siendo breve (Sal. 90:10-12)*
B. *La eternidad es para siempre (Ro. 6:23)*
C. *¿Se ha preparado usted para la eternidad? (Jn. 3:16)*

EL DIOS DE LO IMPOSIBLE

Jeremías 32:17, 27; 33:3

I. Introducción

A. Jeremías enfrentó una ardua tarea

1. Vivió en un tiempo difícil; su país estaba bajo ataque
2. A él se le había dado un mensaje difícil que transmitir
   a. Su nación caería ante el enemigo
   b. Su pueblo sería llevado cautivo
   c. Él tenía que darle al rey este mensaje de derrota

B. Jeremías tenía una actitud positiva en prisión

1. Él confiaba que el Señor lo libraría
2. Él recibió garantía de la capacidad de Dios para hacerlo
3. A él se le prometió respuesta a sus oraciones

C. Jeremías tenía un Dios de lo imposible

II. Cuerpo

A. Jeremías tenía confianza (32:17)

1. La creación lo había convencido del poder de Dios
   a. "Tú hiciste el cielo y la tierra"
   b. "No hay nada que sea difícil para ti"
2. Génesis 1:1 demuestra que Dios puede hacer cualquier cosa
   a. Los milagros son fáciles para el Dios de la creación
   b. Una mirada a un cielo repleto de estrellas debería convencernos (Sal. 19:1)
3. También debe recordarnos el poder de Dios
   a. La muerte y resurrección de Cristo garantizan una nueva creación
   b. Los que confían en Cristo llegan a ser nuevas criaturas (2 Co. 5:17)

B. El Señor hizo una pregunta (32:27)

1. "¿Habrá algo que sea difícil para mí?"
   a. Debemos recordar diariamente esta pregunta
   b. Dios quiere que sepamos que Él puede manejar cualquier problema
2. La pregunta del Señor debe producir una fe absoluta
3. Piense en la pregunta de María a Gabriel y su respuesta (Lc. 1:34-37)
4. ¿Ha sometido usted los problemas actuales a la prueba de la pregunta del Señor?

a. ¿Qué cosa que Dios no pueda manejar le preocupa a usted?
b. Nuestra falta de fe nos roba la tranquilidad: confíe en Dios y relájese

C. Dios nos llama a clamar a Él (33:3)

1. "Clama a mí, y yo te responderé"
   a. Este es un llamado a un hombre de Dios que estaba en prisión
   b. El lugar donde estemos no limita lo que Dios puede hacer
2. A Jeremías se le prometieron cosas grandes y poderosas como respuesta a la oración
   a. Millones han pedido el cumplimiento de esta promesa
   b. Es una promesa con la que pueden contar los creyentes hoy

III. Conclusión

A. ¿Qué cosas grandes y poderosas necesita usted?

B. Mire con fe al Dios de lo imposible

UN PADRE NOBLE

Día del padre. *Juan 4:46-53*

I. Introducción

A. El Señor se encontró con un noble

1. Las personas de todos los rangos y posiciones necesitan al Salvador
2. Jesús llega a ellos en la condición que están y les ministra

B. Un padre amoroso buscó ayuda para su hijo

1. Los padres sabios saben dónde ir cuando sus hijos enfrentan necesidades
2. Los padres que traen sus hijos a Jesús muestran su amor por ellos

II. Cuerpo

A. Un padre noble encontró a Jesús (vv. 45-46)

1. Jesús había estado en Galilea y regresó a Caná
   a. El primer milagro del Señor había ocurrido en Caná
   b. Su regreso atrajo la atención del noble
2. La enfermedad de su hijo lo hizo buscar a Jesús
   a. ¡Qué buena noticia debió ser para él que Jesús había regresado!
   b. Él dejó Capernaum y fue a Caná a buscar a Jesús
3. ¿Qué hace usted cuando uno de sus hijos está en necesidad?
   a. Busque a Jesús y cuéntele las necesidades de sus hijos
   b. Espere que el Señor responda a su petición

B. Un padre noble sabía que su propio poder no bastaba

1. Hay ocasiones en que el poder y los títulos terrestres son insuficientes
   a. Este era un hombre rico y con títulos, con un hijo moribundo
   b. Su influencia política y financiera no podía salvar la vida de su hijo
2. El noble invitó a Jesús a su casa
   a. Esta invitación parecía ser su única esperanza
   b. Imagine su esfuerzo insistente por salvar a su hijo
3. El noble no sabía algunas cosas sobre Jesús
   a. Él no sabía que la distancia no era problema
   b. Él no se daba cuenta de que la palabra del Señor era suficiente

4. Este fue un día de aprendizaje para un padre noble

C. *Un padre noble creyó lo que Jesús dijo (v. 50)*

1. "Vé, tu hijo vive"
    a. Estas palabras de Cristo fueron suficientes para él
    b. Él creyó las palabras de Cristo y se fue a casa
2. Cada paso hacia Capernaum fue un paso de fe
3. La fe del padre noble fue recompensada
    a. Su hijo fue sanado en el momento en que Jesús lo anunció
    b. Los siervos y los miembros de la familia confirmaron el milagro

III. Conclusión

A. *La fe de este noble padre fue recompensada (vv. 51-53)*

1. Su hijo fue sanado, el viaje para llegar hasta Jesús valió el esfuerzo
2. Toda su familia creyó, lo que les garantizó la vida eterna

B. *Venir a Jesús es lo más noble que un padre puede hacer*

GRACIA PARA TODAS LAS FORMAS DE DESPLAZARSE

Isaías 40:28-31

I. **Introducción**
   A. *Dios está siempre a la altura de la ocasión*
      1. Nunca está cansado o sin un plan para el día
      2. Siempre está a disposición de los débiles y cansados
   B. *¡Qué buena noticia!*
      1. Cuando ya estamos sin fuerzas, Dios está presente
      2. Cuando creemos que no hay esperanza, Dios ofrece aliento
      3. En el día más oscuro, Dios abre un camino
   C. *Hay maravillas que esperan a los débiles que tienen su esperanza en el Señor*

II. **Cuerpo**
   A. *Vuelan como las águilas*
      1. Piense en los discípulos después de la cruz
         a. Estaban divididos, desalentados y listos para abandonar
         b. Pronto serían comisionados para alcanzar al mundo
      2. La resurrección renovó su fortaleza
         a. Proclamaron sin temor el evangelio
         b. Tres mil se convirtieron el día de Pentecostés (Hch. 2)
         c. Millones habían sido salvos al final del primer siglo
      3. Pablo fue transformado en un dinámico misionero (Fil. 3:13)
      4. Los héroes de la fe fueron personas comunes dotadas de poder por su Señor
   B. *Corren y no se cansan*
      1. Pablo comparó la vida cristiana con una carrera (1 Co. 9:24-27)
         a. Él seguía continuamente hacia la meta para alcanzar el premio (Fil. 3:13-14)
         b. Él le dijo a Timoteo que había acabado la carrera como ganador (2 Ti. 4:7)
      2. ¿Cuál era la fuente del poder de Pablo?
         a. Él era un hombre de oración… Esperaba continuamente la fortaleza del Señor
         b. El Señor renovaba constantemente la fortaleza de Pablo para sus múltiples tareas

3. Pablo no se cansaba de hacer bien (Gá. 6:9)
    a. Él dijo que se renovaba internamente cada día (2 Co. 4:16)
    b. Podemos esperar la fortaleza de Dios para la carrera de cada día

C. Caminan y no se fatigan

1. No todos los días están llenos de entusiasmo y aventura
    a. Algunos son días de volar
    b. Otros son días de correr
    c. Algunos días son solo para caminar como lo hizo Jesús (1 Jn. 2:6)
2. Los días de caminar también son importantes
    a. Aquí especialmente es importante andar bien
    b. Debemos andar en forma consecuente, sin decepcionar a nuestro Señor

III. Conclusión

A. Dios da gracia para todas las formas de desplazarse: volar, correr, caminar

B. Al final de la carrera, los ganadores serán recompensados

CUANDO DOS BUSCADORES SE ENCUENTRAN

Isaías 55:6-9

I. Introducción

A. Dios ha estado buscando a los pecadores desde la Caída

1. Él buscó a Adán y a Eva que estaban ocultos en el Edén (Gn. 3)
2. Él busca a los perdidos para salvarlos (Lc. 19:10)

B. Los pecadores también hemos estado buscando

1. Buscamos riquezas para emplearlas en nosotros
2. Buscamos reconocimiento para satisfacer nuestro orgullo
3. Buscamos emociones para mitigar nuestra sensación de vacío
4. Buscamos atención para llenar el vacío de nuestras vidas

C. ¿Qué une a estos buscadores?

II. Cuerpo

A. El amor de Dios nos une

1. Dios es quien busca primero
   a. Su amor lo impulsa a buscar a los pecadores
   b. Su gracia hace esta búsqueda valiosa y posible
2. La cruz demuestra el amor de Dios
   a. Jesús vino a redimir a los pecadores perdidos (Fil. 2:5-8)
   b. La muerte de Cristo en la cruz pagó nuestros pecados (Is. 53)
3. El amor de Dios fluye del mensaje del evangelio (1 Co. 15:3-4)
4. Todos los cristianos están llamados a anunciar la búsqueda de amor
   a. Dios está buscando a los pecadores; por tanto, responda a su llamado
   b. No se reserve nada, rinda todo

B. El engaño del pecado nos une (v. 7)

1. "Deje el impío su camino"
   a. Ese camino nos había atraído y ofrecido mucho
   b. Ese camino no dio lo prometido
2. "Y el hombre inicuo sus pensamientos"
   a. ¡Qué sueños evoca esta mentalidad pecaminosa!
   b. Esos sueños terminaron por convertirse en pesadillas

3. Finalmente, hastiados del pecado, muchos han buscado al Salvador que los busca

C. La misericordiosa garantía nos une (vv. 7-9)

1. El Salvador que nos busca ofrece salvación a los pecadores que buscan
   a. "El cual tendrá de él misericordia"
   b. "El cual será amplio en perdonar"
2. ¿Cómo es esto posible? (v. 8)
   a. Los pensamientos de Dios son más altos que nuestros pensamientos
   b. Los caminos de Dios son más altos que nuestros caminos
3. La gracia de Dios es mayor que nuestro pecado

III. Conclusión

A. Dios todavía está buscando a los pecadores

B. Responda al amor de Dios y sea salvo hoy

CUANDO DIOS PARECE SORDO Y DÉBIL

Isaías 59

I. Introducción

A. *Una nación sin vida espiritual clamó*
   1. Pocos estaban volviéndose a Dios, y el mal parecía estar ganando
   2. Algunos deben haberse preguntado si Dios realmente seguía interesado en ellos

B. *Un pueblo que pensaba que Dios estaba sordo clamó con desesperación*
   1. Sus oraciones no tenían respuesta, y se sentían abandonados por Dios
   2. Se preguntaban si Dios aún podía oír sus oraciones

C. *Isaías les aclaró el tema*

II. Cuerpo

A. *El poder de Dios no había disminuido*
   1. "…no se ha acortado la mano de Jehová…" (v. 1)
   2. El gran Creador era todavía el Dios de los milagros
      a. Los sentimientos inconstantes no se ajustaban a la verdad
      b. Sus sentimientos respecto a Dios no se basaban en la verdad
   3. "Los sentimientos van y vienen y son engañosos, mi garantía es la Palabra de Dios; ninguna otra cosa es digna de creerse" (Martín Lutero)
   4. Dios es inmutable y eterno

B. *Dios no había ensordecido*
   1. "Ni se ha agravado su oído para oír"
   2. Dios podía oír sus oraciones como antes
   3. Entonces, ¿por qué no había respuesta a sus oraciones?
      a. El problema no era con Dios, sino con las personas
      b. Dios no había cambiado, pero la devoción de ellos hacia Él había cambiado
      c. Ellos se habían puesto en el lugar donde la oración no tiene respuesta
   4. ¿Se ha puesto usted allí?
      a. ¿Se ven sus oraciones estorbadas debido a sus pecados?

b. ¿Está usted acusando a Dios cuando el problema es usted?

C. El pecado los había separado de Dios (v. 2)

1. "Vuestras iniquidades han hecho división entre vosotros y vuestro Dios"
2. Sus pecados habían ocultado de ellos su rostro
   a. Ellos se habían vuelto un pueblo violento
   b. Se habían convertido en una nación de mentirosos
   c. Nadie se interesaba ya en la justicia
   d. Ellos habían escogido sendas torcidas para sus pies
3. ¿Qué pecados lo están privando a usted de lo mejor de Dios y de su poder?
4. ¿No es hora ya de un avivamiento que nos vuelva a la rectitud?

III. Conclusión

A. ¿Recuerda usted algún tiempo mejor en su andar con Dios?

B. ¿Está usted dispuesto a arrepentirse y volverse a Cristo?

C. ¿Por qué no hace de hoy su día de avivamiento personal?

Julio

LA FÓRMULA DE PABLO PARA OBTENER PAZ Y LIBERTAD

Día de la independencia. *1 Timoteo 2:1-2*

I. Introducción

A. La independencia y la libertad son dones de Dios

1. La verdad nos hace libres (Jn. 8:32)
2. El Hijo nos liberta (Jn. 8:36)

B. Nuestra libertad tiene sus raíces en la fe

1. Los peregrinos, que creían en la Biblia, y otras personas de fe son parte de nuestro legado
2. Las verdades bíblicas dieron origen a la tierra de los libres
3. Nuestros documentos de libertad revelan fe en Dios

C. La oración preserva la paz y la libertad

II. Cuerpo

A. Debemos dar prioridad a la oración (v. 1)

1. "Exhorto, ante todo"
2. La oración no debe ser una idea tardía para las personas libres
   a. La oración debe ser el primer pensamiento del día
   b. La oración es esencial para preservar la libertad
3. La oración obtiene el poder de Dios para producir paz
   a. Ore en la privacidad de su hogar
   b. Ore en nuestros lugares de culto
   c. Ore mientras camina y trabaja (1 Ts. 5:17)

B. Debemos orar por todos (v. 1)

1. Pablo pidió que se orara "por todos los hombres"
2. ¿Qué tipo de oración implica esto?
   a. Súplica: pedir bendición para vecinos y otros
   b. Intercesión: orar por las necesidades especiales de todos los que conocemos
   c. Acción de gracias: agradecer por los que nos rodean
3. Este tipo de oración rompe barreras y trae paz al país
4. La oración supera las divisiones: raciales, políticas, etc.
5. La nación que ora unida permanece unida

C. Debemos orar por los líderes políticos (v. 2)

1. Ore por los reyes y los que tienen autoridad
   a. Las diferencias políticas no deben impedirnos orar juntos

b. La oración por los líderes debe ser parte del servicio de toda iglesia
c. La oración por los líderes producirá la guía de Dios para nuestra nación
2. La oración por los líderes podría cambiar el clima político
3. La oración por los líderes puede mantener nuestra fortaleza y seguridad

III. Conclusión

A. *¿Cuál es el propósito de la recomendación de Pablo?*
1. Conducir a una vida pacífica en toda bondad y honestidad
2. Conducir a la disminución de la violencia y la airada confrontación política

B. *La oración promueve un sano patriotismo*

C. *¿Hasta qué punto queremos ser patrióticos?*

UN REY ARREPENTIDO

Se inicia la *Serie sobre Salmos.* *Salmo 51:1-13*

I. Introducción

A. Este es un salmo con el que todos se pueden identificar

1. Todos somos pecadores y culpables (Ro. 3:23)
2. Todos necesitamos misericordia y purificación

B. Presenta la triste pero dulce escena que tenemos delante

1. El pecado de David con Betsabé lleva a David a orar
2. Él confiesa sus pecados y clama por limpieza

C. "Aunque el corazón esté abrumado, todavía se puede alzar a Dios en oración" (Matthew Henry)

II. Cuerpo

A. Este es un clamor por limpieza (vv. 1-2)

1. El rey está dolorosamente consciente de sus pecados
   a. Natán, el profeta, lo ha enfrentado con ellos (2 S. 12)
   b. La conciencia del rey ha sido despertada
   c. La obra de convicción de Dios está dando fruto
2. "El perdón del pecado debe ser siempre un acto de pura misericordia, y por tanto, el pecador concienciado acude a refugiarse en su piadoso Señor" (C. H. Spurgeon)
3. Debemos enfrentar nuestros pecados antes de buscar perdón

B. Este es un clamor de confesión (vv. 3-9)

1. "Yo reconozco mis transgresiones" (v. 3)
   a. El rey no oculta nada
   b. Él descubre su corazón ante su piadoso Señor
2. La confesión es siempre la ruta hacia el perdón
   a. "Si confesamos nuestros pecados…" (1 Jn. 1:9)
   b. Los pecados confesados son pecados perdonados
3. "Contra ti, contra ti solo he pecado…" (v. 4)
4. Este hombre que confiesa es totalmente honrado (v. 6)
   a. También nosotros debemos ser totalmente honrados con Dios
   b. La confesión sincera produce una limpieza completa (v. 7)

C. Este es un clamor de consagración (vv. 10-13)

1. El rey que confiesa quiere un corazón limpio
2. David está hastiado de su pecado

3. "David está hastiado del pecado como tal; sus clamores más fuertes son contra la maldad de su transgresión y no contra las dolorosas consecuencias de esta" (C. H. Spurgeon)
4. David determina que su limpieza tendrá como resultado su consagración
   a. "Entonces enseñaré a los transgresores tus caminos"
   b. "Y los pecadores se convertirán a ti"

III. Conclusión

A. Dios recibe a los pecadores tal como son

B. ¿En qué condición se encuentra usted? ¿Está hastiado de sus pecados?

C. Confiese sus pecados a Cristo y conságrese a servirle

EL VALOR DE LA ORACIÓN TENAZ

Serie sobre Salmos. *Salmo 55:16-17*

I. Introducción

A. Este es un hombre de fe en medio de grandes dificultades

1. El temor se había adueñado del corazón del salmista
2. Él anhelaba volar y alejarse de sus problemas (v. 6)
3. Incluso las personas cercanas a él se habían vuelto en su contra (vv. 12-14)

B. Este hombre en problemas decide acudir a Dios

1. La oración es su recurso infalible (v. 16)
2. Él tiene fe para creer que Dios lo librará (v. 16)

II. Cuerpo

A. Esto es oración continua (v. 17)

1. Él orará tarde, mañana y mediodía
   a. Como Pablo, él orará sin cesar (1 Ts. 5:17)
   b. Sus súplicas estarán siempre ante el trono de gracia
2. Dios será su recurso infalible
   a. Este es un tiempo de gran necesidad
   b. Por tanto, él lo ve como un tiempo de orar con persistencia
3. "Las épocas de gran necesidad demandan períodos frecuentes de oración. Si usted tiene un corazón insistente, Dios tendrá una mano generosa" (C. H. Spurgeon)
4. El oído de Dios está siempre atento a nuestras oraciones fervientes (He. 4:16)

B. Esto es oración contagiosa (v. 17)

1. David tiene la intención de que otros conozcan sus oraciones
   a. Él clamará en alta voz para que otros puedan unírsele
   b. Esto es orar fervientemente y con denuedo
2. Esta es una oración que no se reserva nada
   a. Él anunciará sus necesidades ante Dios, esperando respuestas
   b. Él se arriesgará a hacer el ridículo ante quienes lo oigan orar
3. Este es el tipo de oración que hicieron Pablo y Silas en prisión (Hch. 16)

a. Cuando oraron en aquella mazmorra, produjeron un terremoto
b. Los otros prisioneros los oyeron y fueron testigos de la respuesta a sus oraciones
4. Basta ya de estas tímidas oraciones que no conmueven a Dios ni a los hombres
5. Oremos por grandes cosas y obtengamos grandes respuestas a nuestras oraciones

C. Esto es orar con confianza (v. 17)

1. "Él oirá mi voz"
   a. David esperaba que Dios oyera y respondiera
   b. Él recuerda las respuestas del pasado y las espera otra vez (v. 18)
2. Debemos orar con expectación
   a. Podemos orar, creer y recibir
   b. Podemos orar y dudar, y no recibir nada

III. Conclusión

A. Piense en las fervientes oraciones de Jesús en Getsemaní

B. El mundo notará cuando oremos y recibamos respuesta

BUENAS NOTICIAS PARA LOS CREYENTES AGOBIADOS

Serie sobre Salmos. *Salmo 55:22*

I. Introducción

A. *Todos estamos familiarizados con las cargas*
   1. Conocemos las cargas físicas, las cargas financieras y también cargas formidables
   2. Desde la Caída, la gente ha llevado cargas

B. *Jesús invitó a los que estaban cargados a venir a Él (Mt. 11:28-30)*
   1. Los que llevaban cargas pesadas fueron invitados a venir a Él
   2. Los que estaban cansados de llevar sus cargas vinieron a Él

C. *Hay buenas noticias para los creyentes agobiados*

II. Cuerpo

A. *¿Qué puede usted hacer con su carga?*
   1. "Echa sobre Jehová tu carga"
      a. Deje de tratar de llevar su carga
      b. Dios anhela llevarla por usted
   2. ¿Quién es este que lleva la carga?
      a. Es Jesús, que llevó nuestros pecados a la cruz
      b. Es Jesús, que tiene cuidado de nosotros (1 P. 5:7)
   3. "Echar nuestra carga sobre Dios es descansar en su providencia y su promesa" (Matthew Henry)

B. *¿Qué hará Dios con su carga?*
   1. "Lo que Dios pone sobre ti, ponlo tú sobre Dios" (C. H. Spurgeon)
   2. Dios toma nuestras cargas y nos sostiene por su amor
      a. Él toma nuestras cargas de pecado (2 Co. 5:21)
      b. Él toma nuestras cargas de dolor (Is. 53:4)
      c. Él toma nuestras cargas de pesar (Jn. 11:35)
   3. Dios toma nuestra carga y nos da bendiciones
   4. Dios sostiene a los que no tienen fuerza (Ro. 5:6)

C. *Dios toma nuestra carga y nos da bendiciones*
   1. Él "...no dejará para siempre caído al justo" (v. 22)
      a. Esta es una seguridad absoluta
      b. "Él, que llevó la carga de nuestros dolores, desea que le entreguemos la carga de nuestros cuidados" (Matthew Henry)

2. Esto se demostró en la cruz y en la resurrección
   a. Un ladrón moribundo cambia sus dudas por fe y el infierno por el cielo
   b. La cruz demuestra el amor totalmente suficiente de Dios
   c. La resurrección demuestra el poder totalmente suficiente de Dios
3. Los que confían plenamente en el Inmutable no serán movidos

III. Conclusión

A. Eche hoy sus cargas sobre Cristo

B. Usted descubrirá que su gracia es suficiente para todas sus necesidades

1. Él perdonará sus pecados y le garantizará el cielo
2. Él llevará sus cargas y le dará paz

CONVIERTA SUS TEMORES EN FE

Serie sobre Salmos. *Salmo 56:3, 11*

I. Introducción

A. El salmista luchaba con los temores

1. Él estaba rodeado de enemigos
2. La mayoría de nosotros podemos identificarnos con él

B. El temor es enemigo de la fe

1. El temor nos priva de lo mejor de la vida
2. La confianza en Dios cambia el temor por fe y da paz

II. Cuerpo

A. Enfrente perspectivas formidables (vv. 1-2)

1. El salmista enfrentó sus temores
   a. La gente quería destruirlo
   b. El temor lo oprimía continuamente
2. Todos hemos experimentado la opresión del temor
   a. La opresión es producida por temores financieros
   b. La opresión es producida por personas a quienes tememos
   c. La opresión es producida porque tememos al futuro
3. ¿Cuál es el temor que más le oprime a usted?
4. ¿Qué está usted haciendo por vencerlo?

B. Combata el temor con la fe (v. 3)

1. La fe y el temor son opuestos
2. "En el día que temo, yo en ti confío"
   a. El valor de la fe llega en el momento exacto
   b. Cuando llega la confianza, el temor desaparece
3. "Cuando se ejerce la fe, el temor queda expulsado, y se produce un santo triunfo" (C. H. Spurgeon)
4. ¿De dónde tomamos esta fe que combate el temor?
   a. "Así que la fe viene por el oír, y el oír, por la Palabra de Dios" (Ro. 10:17)
   b. Sature su mente con la Palabra de Dios y la fe expulsará sus temores

C. La fe puesta firmemente en Dios hace huir el temor del hombre (v. 11)

1. La mayoría de nuestros temores se originan en desconfianza de las personas
   a. Nos preocupa lo que piensan de nosotros
   b. Desconfiamos de sus motivos y tememos sus planes

2. La verdadera fe empieza cuando recibimos a Cristo como Salvador (Ro. 5:1)
3. El Espíritu Santo nos conforta luego y expulsa nuestros temores (Jn. 14:26-27)
4. El salmista descubrió que no debía temer a la gente
   a. Su confianza en Dios hizo desaparecer su temor del hombre
   b. Él descubrió que Dios era mayor que todos sus temores

III. Conclusión

A. ¿Es este un tiempo alarmante para usted?
B. El perfecto amor echa fuera el temor (1 Jn. 4:18)
C. Responda con fe al amor de Dios y sea libre

CUANDO VUELVE EL CANTO

Serie sobre Salmos. *Salmo 59:16-17*

I. Introducción

A. David había soportado muchas pruebas

1. Saúl lo buscó para matarlo
2. Todos pasamos pruebas y aflicciones

B. Algunos de los aquí presentes pueden sentirse sin deseos de luchar más

1. No se rinda: mire al cielo
2. Deje de temblar y empiece a confiar

C. David esperaba que su canto regresara

II. Cuerpo

A. Él esperaba cantar del poder de Dios (v. 16)

1. "Pero yo cantaré de tu poder"
   a. El poder de Dios es mayor que nuestros problemas
   b. Dios es más fuerte que nuestros adversarios
   c. Podemos descansar en el poder de Dios para librarnos
2. David podía recordar potentes liberaciones del pasado
   a. Él había sido protegido, mientras cuidaba sus ovejas (1 S. 17:32-37)
   b. Él había recibido poder para derrotar al poderoso Goliat (1 S. 17:45-50)
   c. El recuerdo nos permite echar mano a la fidelidad de Dios en el pasado
3. La fe nos capacita para esperar que Dios haga lo esperado

B. David esperaba cantar de la misericordia de Dios (v. 16)

1. "Yo alabaré de mañana tu misericordia"
2. "Cuanto mayores sean nuestras pruebas actuales, más fuertes serán nuestros cantos en el futuro, y más intensa será nuestra gratitud" (C. H. Spurgeon)
3. Dios ha sido misericordioso con todos nosotros
   a. La cruz anuncia la misericordia de Dios para los pecadores (Tit. 3:5)
   b. La misericordia de Dios debería estimularnos al servicio (Ro. 12:1)
4. David esperaba que la protección de Dios llegara a tiempo (por la mañana)
   a. Él creía que Dios lo protegería ("mi amparo")

b. Él confiaba en que Dios lo ocultara de sus enemigos ("mi refugio")

C. David esperaba que Dios le diera fortaleza (v. 17)

1. "Fortaleza mía, a ti cantaré"
   a. Esto es confianza en la protección de Dios
   b. Aquí hay un hombre convencido de la liberación
2. La confianza en el poder, en la misericordia y en la fortaleza de Dios produce una canción
   a. "¡Oh canción deleitosa! Mi alma la cantará ahora, pese a todos los perros del infierno" (C. H. Spurgeon)
   b. Los cristianos no tienen razón de vivir según las circunstancias

III. Conclusión

A. La fe produce una canción antes de que llegue la liberación

B. Podemos triunfar en las pruebas porque Dios vive

C. Nuestro Señor viviente hará retornar nuestra canción (1 Co. 15:57-58)

EL GOZO DE LA ORACIÓN CONTESTADA

Serie sobre Salmos. *Salmo 66:16-20*

I. Introducción

A. *Un verdadero testimonio tiene poder*
1. Debemos estar dispuestos a hablar de nuestras bendiciones
2. Los testimonios verdaderos estimulan a otros a tener fe

B. *La oración contestada da gloria a Dios*
1. El salmista quería fortalecer la fe de sus amigos
2. Él decidió hablarles de la respuesta de Dios a su oración (v. 16)

II. Cuerpo

A. *La alabanza se convirtió en parte de esta oración (vv. 16-17)*
1. El drama empieza a desarrollarse
   a. "A Él clamé con mi boca"
   b. "Y fue exaltado con mi lengua"
2. ¿Cómo podía él alabar a Dios, mientras enfrentaba problemas tan complejos?
   a. Él se concentró en el poder de Dios más que en sus problemas
   b. Él oró fervientemente y alabó de continuo a Dios
3. Piense en Pablo y Silas en la prisión de Filipos (Hch. 16:25-31)
   a. Estos dos misioneros oraron y alabaron a Dios
   b. Su oración produjo un terremoto que liberó a los prisioneros
   c. El carcelero se convenció y luego se convirtió
4. La alabanza añade poder a la oración

B. *El pecado pudo haber impedido la respuesta a esta oración (v. 18)*
1. El pecado crea un obstáculo en la respuesta a la oración
   a. "Si en mi corazón hubiese yo mirado a la iniquidad, el Señor no me habría escuchado"
   b. Compare con Isaías 59:1-2 para enfatizar esta verdad
2. La confesión del pecado es parte vital de una oración eficaz
   a. Cuando los pecados se confiesan, son perdonados (1 Jn. 1:9)

b. Vea cómo habla David de esto más adelante, en el Salmo 103:1-12
3. El gran himno de Charles Tindley "Nothing Between" [Nada se interpone] enfatiza esto
a. "Nada entre mi alma y mi Salvador"
b. "Mantén despejado el camino, que nada se interponga"
4. Los que desean que sus oraciones sean contestadas mantendrán sus vidas limpias

C. La respuesta de Dios demostró que esta oración había sido oída (vv. 19-20)

1. El salmista se regocijó porque Dios había escuchado su oración
a. "Mas ciertamente me escuchó Dios"
b. "Atendió a la voz de mi súplica"
2. Las respuestas a la oración demuestran la importancia de orar
3. Las respuestas a la oración demuestran que Dios oye nuestras oraciones
4. Las respuestas a la oración demuestran la misericordia de Dios hacia nosotros

III. Conclusión

A. Oremos con expectativa y confianza
B. Comuniquemos el gozo de la oración contestada
C. Fortalezcamos la fe de los que amamos

DIOS ES SIEMPRE BUENO

Serie sobre Salmos. *Salmo 72:18*

I. Introducción

A. A veces nos preguntamos respecto a la bondad de Dios

1. Si Dios es bueno, ¿por qué tenemos guerras?
2. Si Dios es bueno, ¿por qué permite los desastres naturales?
3. Si Dios es bueno, ¿por qué mueren los niños?

B. No sabemos todas las respuestas a las preguntas de la vida

1. Los caminos del Señor son más altos que nuestros caminos (Is. 55:8)
2. Nuestro conocimiento es limitado, pero el de Dios no (Is. 55:9)
3. Quizás no sepamos todo respecto a Dios, pero sabemos que Él es bueno

C. ¿Cómo sabemos que Dios es bueno?

II. Cuerpo

A. Sabemos que Dios es bueno por ser quien es

1. Dios es santo (Is. 6:1-8)
   a. Isaías tuvo una visión de la santidad de Dios
   b. Las criaturas del cielo proclaman la santidad de Dios
2. Juan confirmó la visión de Isaías respecto a la santidad de Dios (Ap. 5)
   a. La santidad y el mal no pueden coexistir
   b. Puesto que Dios es santo, Él es bueno
3. Por tanto, podemos estar seguros de que Dios es siempre bueno

B. Sabemos que Dios es bueno por lo que ha hecho

1. La bondad de Dios se revela en la creación (Gn. 1)
   a. Dios confirmó la bondad de la creación (Gn. 1:10, 12, 18, 21, 25)
   b. Incluso los cielos declaran su bondad y gloria (Sal. 19:1)
2. La bondad de Dios se revela en la redención (Ro. 5:8-17)
   a. Él nos ama y ha hecho lo necesario para nuestra salvación
   b. Los pecadores pueden ser salvos debido al amor de Dios
   c. Esta es la maravillosa obra de redención de Dios

C. La bondad de Dios se revela en lo que Él está haciendo ahora

1. Dios está haciendo "maravillas"
   a. Salva a todos los que vienen a Él con fe (Ro. 5:1)
   b. Recibe a todos los que lo reciben (Jn. 6:37)
2. Hace que todas las cosas ayuden a bien a los que lo aman
   a. Actúa en sus vidas con un magnífico plan en mente (Ro. 8:28)
   b. Maneja las circunstancias para hacerlos como Jesús (Ro. 8:29)
3. Lleva a las naciones a sus lugares profetizados para cumplir la profecía (Mt. 24)

III. Conclusión

A. Todo lo que Dios hace es maravilloso

B. Dios quiere hacer cosas maravillosas en su vida

C. ¿Responderá usted con fe a su maravilloso plan?

DIRECCIÓN Y META

Serie sobre Salmos. *Salmo 73:22-26*

I. Introducción

A. Hay que considerar dos importantes preguntas

1. ¿Qué haré con mi vida?
2. ¿A dónde iré una vez que pase la vida?

B. El salmista había hallado las respuestas

1. Su Señor lo guiaría por la vida
2. Después lo recibiría en gloria

C. ¿Cómo podemos tener la seguridad del salmista?

II. Cuerpo

A. Debemos enfrentar nuestras faltas (v. 22)

1. El salmista se había concentrado neciamente en las faltas de otros
   a. Había envidiado la prosperidad de los malvados (vv. 1-12)
   b. Se había lamentado de su propio dolor y las supuestas bendiciones de ellos
2. Finalmente, admitió sus propios pecados (vv. 16-22)
   a. Él entró en el santuario en busca de Dios
   b. Al buscar a Dios, percibimos nuestra necesidad de Él
3. Todos somos pecadores necesitados de salvación (Ro. 3:10-23)
   a. La prosperidad no significa nada cuando estamos pereciendo
   b. Enfrentar nuestros pecados produce arrepentimiento y fe
4. "El salmista muestra cómo prevalecieron la fe y la gracia" (Matthew Henry)

B. Debemos agradecer la guía de Dios (vv. 23-24)

1. La presencia de Dios es mayor que los placeres del mundo
   a. Los que confían en Cristo nunca están solos
   b. "Con todo, yo siempre estuve contigo"
   c. "Me tomaste de la mano derecha"
2. Podemos vivir constantemente conscientes de la presencia de Dios

a. Cristo está siempre con nosotros (Mt. 28:20)
b. "...No te desampararé, ni te dejaré" (He. 13:5)
3. La guía de Dios es para todos los que confían en Él
a. "Me has guiado según tu consejo"
b. La guía de Dios determina la dirección de nuestras vidas

C. Debemos asirnos de la garantía de gloria (vv. 24-25)
1. "Y después me recibirás en gloria"
a. El salmista estaba seguro de que le esperaba el cielo
b. Qué magnífico saber que lo mejor está aún por venir
2. "'¡Después!' bendita palabra. Podemos soportar alegremente el presente cuando prevemos el futuro y sabemos que será brillante" (C. H. Spurgeon)

III. Conclusión

A. Podemos experimentar diariamente la dirección del Señor
B. Podemos estar seguros del cielo porque Jesús es el camino

COMPASIÓN EN ACCIÓN

Serie sobre Salmos. *Salmo 78:38-39*

I. Introducción

A. *El salmista enumera las bendiciones de Dios para Israel*
1. Israel fue librado de la esclavitud
2. El Mar Rojo se abrió para salvarlos del ejército de Faraón
3. Fueron dirigidos por una nube durante el día y un fuego por la noche
4. El agua fluyó de una roca en el desierto para apagar su sed
5. Cayó maná del cielo para darles pan de ángeles

B. *El pueblo de Dios falló pese a la fidelidad del Señor*
1. La fe de ellos era pequeña, a pesar de que Dios les dio todo (v. 32)
2. Decían cosas buenas de Dios, pero no vivían según lo que hablaban (v. 36)
3. Sus corazones no eran rectos, y desobedecían la Palabra de Dios (v. 37)
4. Merecían castigo, pero recibieron compasión (v. 38)

C. *¿Qué se deriva de la compasión?*

II. Cuerpo

A. *La compasión produce perdón (v. 38)*
1. "Pero Él, misericordioso, perdonaba la maldad"
2. Piense en la compasión de Cristo
   a. Jesús tuvo compasión de una multitud hambrienta y la alimentó (Mt. 15:32)
   b. Jesús tuvo compasión de dos ciegos y les restauró la vista (Mt. 20:34)
   c. Jesús tuvo compasión de una viuda y resucitó a su hijo (Lc. 7:13-14)
3. Recuerde al compasivo Cristo en la cruz
   a. Perdonó a los que lo maldecían y crucificaban (Lc. 23:34)
   b. Perdonó a un ladrón arrepentido en sus últimos momentos (Lc. 23:43)
4. Las personas semejantes a Cristo son compasivas. ¿Hasta dónde es usted compasivo?

B. *La compasión produce gracia (v. 38)*

1. El Señor no destruyó a su pueblo
   a. Se otorgó gracia a los que no tenían méritos
   b. Esto se aplica a nuestra salvación (Ef. 2:8-9)
2. El Señor apartó su ira
   a. Esto ocurrió más de una vez
   b. Hay gracia para usted y para mí
3. Nuestro compasivo Señor ofrece gracia a todos

C. *La compasión produce comprensión (v. 39)*

1. "Se acordó de que eran carne"
   a. Dios entiende nuestra debilidad
   b. La compasión hace posible la redención
2. La compasión toma en cuenta la brevedad de la vida
3. Somos como un soplo que pasa

III. Conclusión

A. *La compasión de Dios nos da esperanza*

B. *¿Hasta dónde somos compasivos?*

EL REFUGIO

Serie sobre Salmos. *Salmo 91*

I. Introducción

A. *Este es un salmo para los que caminan con Dios*
1. Ellos tienen más que una profesión religiosa
2. La fe ha fijado sus corazones en Dios
3. Su propósito en la vida es conocerlo y servirle

B. *Spurgeon dio una definición de estos favorecidos*
1. "Solo los que conocen el amor de Dios en Cristo Jesús llegan al refugio del Altísimo. Para los que moran allí, 'el vivir es Cristo y el morir es ganancia' (Fil. 1:21)"
2. ¿Hasta dónde nos ajustamos a la conclusión de Spurgeon?

C. *¿Qué palabras emergen de la sombra del Omnipotente?*

II. Cuerpo

A. *Él es mi castillo (v. 2)*
1. El creyente encuentra en el Señor su escondedero
   a. Él es un escondedero cuando la tormenta azota
   b. Él es un escondedero cuando otros fallan
2. Vea con cuánta frecuencia huye el salmista a su refugio
   a. "Dios es nuestro amparo y fortaleza…" (Sal. 46:1)
   b. "…nuestro refugio es el Dios de Jacob" (Sal. 46:7)
   c. "…Dios es nuestro refugio" (Sal. 62:8)
   d. "…y tú mi refugio fuerte" (Sal. 71:7)
3. El creyente tiene siempre un lugar donde ocultarse de la tormenta

B. *Él es mi fortaleza (v. 2)*
1. Dios proporciona un lugar seguro para los tiempos de batalla
   a. La salvación no pone fin a los conflictos con Satanás
   b. Todo cristiano está en guerra
2. Durante estos ataques del enemigo, Dios es nuestra fortaleza
   a. El tentador está limitado a lo que Dios permite (1 Co. 10:13)
   b. Nuestro refugio seguro es el amparo del Altísimo
3. C. H. Spurgeon comenta respecto a nuestra fortaleza: "Nuestro omnipotente Señor protegerá a todos los que

moran con Él; ellos permanecerán en su cuidado como invitados protegidos por su anfitrión"

C. *En Él confiaré (v. 2)*
1. Confianza es un sinónimo de fe
    a. Somos salvos por fe (Ef. 2:8-9)
    b. Hemos sido justificados por fe (Ro. 5:1)
    c. Tenemos paz con Dios mediante la fe (Ro. 5:1)
2. ¿En quién se debe poner esta fe?
3. "En mi Dios", responde el salmista

III. Conclusión

A. *¿Habita usted al abrigo del Altísimo?*

B. *Apresúrese a entrar en el escondedero, la fortaleza, el lugar seguro*

C. *Usted descansará seguro bajo la sombra del Omnipotente*

FE CRECIENTE

Serie sobre Salmos. *Salmo 92:12-15*

I. Introducción

A. Aquí hay varios hechos fascinantes respecto a la fe

1. La salvación es solo por fe (Gá. 2:16; 3:11)
2. Incluso una fe débil (como una semilla de mostaza) puede hacer grandes cosas (Mt. 17:20)
3. La fe básica es vital para el crecimiento estable de la iglesia (1 Ti. 6:11-12)
4. La fe creciente se desarrolla de manera continua (Sal. 92:12-15)

B. Mantenga una fe creciente

1. Una vida consecuente mantiene el crecimiento de la fe
2. La participación en la iglesia mantiene el crecimiento de la fe
3. La proyección constante a toda la iglesia mantiene el crecimiento de la fe

C. Desarrolle los principios de una fe creciente

II. Cuerpo

A. Una vida consecuente mantiene el crecimiento de la fe (v. 12)

1. "El justo florecerá como la palmera"
2. Piense en algunos héroes de la fe
   a. La fe de José creció, incluso en prisión (Gn. 39:21-23)
   b. La fe de Esteban creció, aun cuando se acercaba el martirio (Hch. 7:54-60)
   c. La fe de Pablo creció bajo fuerte persecución (2 Co. 4:17-18)
3. Vea en Hebreos 11 ejemplos de fe que creció en tiempos difíciles
4. La fe crece en forma proporcional a nuestra dedicación total a Cristo

B. La participación en la iglesia mantiene el crecimiento de la fe (v. 13)

1. "Plantados en la casa de Jehová, en los atrios de nuestro Dios florecerán"
2. La casa del Señor habla del pueblo de Dios (2 Cr. 7:14)
   a. "Si mi pueblo… sobre el cual mi nombre es invocado"

b. La reunión del pueblo de Dios habla de compañerismo y fe

3. La casa del Señor habla de oración (2 Cr. 7:14)
   a. "Se humillare y orare"
   b. Los que oran unos por otros aumentan la fe
4. La casa del Señor habla de buscar a Dios (2 Cr. 7:14)
   a. Los que buscan el avivamiento aumentan la fe
   b. El compañerismo, la oración y el amor al prójimo vigorizan la fe

C. *La proyección constante a toda la iglesia mantiene el crecimiento de la fe (v. 14)*
1. "Aun en la vejez fructificarán"
2. La fe creciente es el resultado del evangelismo continuo
   a. Las iglesias que tratan constantemente de alcanzar a los perdidos mantienen su crecimiento
   b. La emoción de ganar almas para Cristo mantiene el crecimiento de la fe
3. La iglesia primitiva era una iglesia ganadora de almas, siempre avanzaba
4. No es sorprendente que la fe floreciera en esa congregación de rápido crecimiento

III. Conclusión

A. *¿Su fe crece o está estancada?*

B. *¿Qué hará usted para recuperar el crecimiento de su fe?*

RESCATADO MIENTRAS VIVÍA AL BORDE

Serie sobre Salmos. *Salmo 94:17-19*

I. Introducción

A. El salmista se encontró en profunda tribulación

1. Los malvados se levantaron contra él
2. Anhelaba ayuda, mientras estaba viviendo al borde

B. Este hombre de Dios sentía que su vida estaba en peligro

1. "Pronto moraría mi alma en el silencio"
2. "Mi pie resbala"

C. ¿Cómo rescató Dios a su siervo a punto de caer?

II. Cuerpo

A. Dios lo ayudó (v. 17)

1. "Si no me ayudara Jehová"
2. Muchos creyentes en tribulación han hallado que el Señor es su ayuda
   a. Dios es "un pronto auxilio en las tribulaciones" (Sal. 46:1)
   b. "Mi socorro viene de Jehová…" (Sal. 121:2)
   c. "…gracia para el oportuno socorro" (He. 4:16)
3. ¿Cuántos necesitan ayuda hoy?
4. "Sin la ayuda del Señor, el salmista declara que habría muerto e ido a la tierra del silencio, donde no se puede dar testimonio del Dios viviente" (C. H. Spurgeon)
5. Nuestro amoroso Señor ayuda a los que no pueden ayudarse

B. Dios lo sostuvo (v. 18)

1. "Tu misericordia, oh Jehová, me sustentaba"
   a. La misericordia llegó cuando su pie estaba resbalando
   b. Fue rescatado por los eternos brazos de Dios
2. Dios satisface nuestra necesidad específica
   a. Él nos socorre cuando somos tentados (1 Co. 10:13)
   b. Él nos sostiene cuando nos sentimos sin deseos de luchar más
3. ¿Por cuánto tiempo nos sostendrá la misericordia de Dios?
4. La misericordia de Dios nos sigue todos los días de nuestra vida (Sal. 23:6)
5. Su misericordia dura para siempre (Sal. 106:1)

C. Dios lo consoló (v. 19)

1. El consuelo del Señor alegró su alma
   a. Sus temores desaparecieron cuando el consuelo alivió su ansiedad
   b. El Espíritu Santo es nuestro Consolador en tiempos de necesidad (Jn. 14:16-18)
2. Jesús consuela a todos los afligidos
   a. Él da seguridad de salvación a los que confían en Él (Jn. 6:37)
   b. Él da paz a los corazones atribulados (Jn. 14:27)
3. Traiga su ansiedad a Cristo y encuentre paz (Jn. 16:33)

III. Conclusión

A. Él extiende su llamado compasivo a todos los que viven al borde

B. Cristo está listo para ayudarlo, confortarlo y guardarlo

VENID, ADOREMOS

Serie sobre Salmos. *Salmo 95:1-8; 100:4*

I. Introducción

A. *El salmista nos invita a adorar*
   1. La adoración individual debe ser parte importante de nuestras vidas
   2. Enriquecemos nuestros períodos de adoración invitando a otros a unirse a nosotros

B. *El llamado del salmista revela tres dimensiones de adoración*
   1. "Venid, cantemos con júbilo a la roca de nuestra salvación"
   2. "Entremos por sus puertas con acción de gracias"
   3. "Venid, adoremos y postrémonos"

II. Cuerpo

A. *La música es parte de la adoración al Señor (Sal. 95:1)*
   1. Una invitación a cantar al Señor
      a. El canto ha sido siempre parte importante de la adoración
      b. Los cantos cuentan la historia de vidas cambiadas y de profunda dedicación
   2. El canto alegre honra al Señor
      a. Cantamos a la Roca de nuestra salvación
      b. Los cantos de adoración se concentran en la cruz y la resurrección
   3. En el cielo, adoraremos al Señor con cantos (Ap. 5:9-10)
      a. Estos cantos hablarán de la redención por la sangre de Cristo
      b. Se concentran en el milagro de la salvación personal

B. *La acción de gracias es adoración al Señor (Sal. 100:4)*
   1. La acción de gracias fluye de los corazones agradecidos
      a. Recordar la provisión de Dios promueve la gratitud
      b. Debemos estar constantemente conscientes de las bendiciones de Dios (Sal. 103)
   2. La gratitud nos impulsa a adorar al Proveedor
      a. Dar gracias durante la adoración aumenta la satisfacción
      b. Concentrarse en lo que Dios ha dado elimina la depresión

3. No podemos adorar y estar preocupados a la vez
    a. La adoración convierte nuestros pensamientos en alabanza agradecida
    b. La acción de gracias en la adoración sana lo negativo de la vida
    c. "La acción de gracias tiene gran poder curativo" (A. W. Tozer)

C. La reverencia es adoración al Señor (Sal. 95:6)

1. La adoración puede incluir el hecho de inclinarse
    a. "Arrodillémonos delante de Jehová nuestro Hacedor"
    b. La humildad en la adoración honra al Señor
2. "Nuestra adoración al Señor consiste en ser humildes. Debemos venir con gozo, pero no con orgullo; con familiaridad como hijos ante un padre, pero como criaturas reverentes ante su Hacedor" (C. H. Spurgeon).

III. Conclusión

A. Prestar atención es también parte importante de la adoración (Sal. 95:7-8)

B. ¿Qué le está diciendo Dios?

C. No endurezca su corazón. ¡Obedezca hoy!

¿QUIÉN ES EL QUE MANDA?

Serie sobre Salmos. *Salmo 97:1-6*

I. Introducción

A. Vivimos en un mundo agitado

1. Aumentan las guerras y los rumores de guerras
2. El crimen y la violencia rondan nuestras ciudades
3. Las condiciones del mundo generan preocupación

B. ¿Tiene alguien una respuesta?

1. ¿Hay esperanza de días mejores en el futuro?
2. ¿Qué será de nosotros?
3. ¿Tiene alguien alguna buena noticia?

C. ¿Quién es el que manda?

II. Cuerpo

A. Jehová reina: Tranquilícese (v. 1)

1. Nada toma a Dios por sorpresa
   a. Eche toda su ansiedad sobre Él porque Él tiene cuidado de usted (1 P. 5:7)
   b. Venga a Él con sus cargas, y Él las llevará (Mt. 11:28-30)
2. "El poder absoluto está seguro en las manos de Aquel que no puede cometer un error o actuar injustamente. Cuando se abran los libros de Dios, nadie verá una palabra que deba borrarse, una sílaba de error, una línea de injusticia o una letra de impiedad" (C. H. Spurgeon)

B. Jehová reina: Regocíjese (v. 1)

1. "Jehová reina; regocíjese la tierra…" (v. 1)
   a. Dios conocía las condiciones del mundo desde el principio
   b. Jesús reveló las señales que precederían a su regreso (Mt. 24)
   c. Pablo le dijo a Timoteo que vendrían tiempos peligrosos (2 Ti. 3:1-7)
2. ¿Cómo debemos reaccionar cuando lleguen estos tiempos? (Lc. 21:25-28)
   a. Debemos ver el desarrollo del plan profético de Dios y regocijarnos
   b. Debemos levantar nuestra mirada, alentados por el hecho de que Dios reina

3. Cuando recordamos quién tiene el control, podemos regocijarnos (Ro. 8:28-39)

C. Jehová reina: Recuerde (v. 1)

1. No somos los primeros que vivimos tiempos difíciles
    a. Israel sufrió la esclavitud en Egipto por cuatrocientos años
    b. David fue perseguido por Saúl, quien intentaba matarlo
    c. La iglesia primitiva soportó una terrible persecución, que incluyó el martirio
2. Cuando se sienta temeroso o deprimido, piense en Jesús
    a. Él fue despreciado y rechazado por los hombres (Is. 53)
    b. Él soportó la cruz con su vergüenza y dolor (Mt. 27)
    c. La resurrección vindicó su mensaje y garantizó nuestra salvación (Ro. 1:4)
3. El plan de Dios para su vida no se ve alterado por lo que ocurre en el mundo

III. Conclusión

A. La creación testifica que Dios tiene el control (vv. 2-6)

B. Ponga todo en manos del Señor de todo y deje de preocuparse

SIN PUNTO MEDIO

Concluye la *Serie sobre Salmos.* *Salmo 97:10-12*

I. Introducción

A. Amar a Dios es normal para un cristiano

1. Somos felices receptores del amor de Dios
2. El amor de Dios, revelado en la cruz, requiere nuestro amor a cambio

B. Aborrecer el pecado es normal para los que aman a Dios

1. Debemos amar a los pecadores, pero aborrecer el pecado
2. Vea cómo nuestro texto demanda que aborrezcamos el pecado

C. Nuestras elecciones nos traen bendición o angustia

II. Cuerpo

A. Podemos escoger entre la liberación o el peligro (v. 10)

1. El Señor preserva a los que viven para Él
2. Rechazar las componendas con el mal nos libra de sus consecuencias
3. El Señor siempre da lo mejor a los que viven para Él
4. "Los que aman al Señor verán cómo su amor se les revela en la protección contra sus enemigos, y al apartarse ellos del mal, todo mal será apartado de ellos" (C. H. Spurgeon)
5. El Señor merece nuestra dedicación total a Él (Ro. 12:1-2)

B. Podemos escoger la luz o las tinieblas (v. 11)

1. Amar al Señor demanda caminar en la luz
2. Los que siguen a Cristo no andan en tinieblas (Jn. 8:12)
3. "La justicia conduce a la luz. En los surcos de la integridad, yacen las semillas de la felicidad que luego darán una cosecha de gozo. Dios tiene relámpagos para los pecadores y luz para los santos. Dondequiera que va, el evangelio de Jesús planta en toda la tierra gozo para los creyentes" (C. H. Spurgeon).
4. Pablo: "La noche está avanzada, y se acerca el día. Desechemos, pues, las obras de las tinieblas, y vistámonos las armas de la luz" (Ro. 13:12)
5. No hay comunión ni compañerismo entre la luz y las tinieblas (2 Co. 6:14)

C. Podemos escoger regocijarnos o sentir pesar (vv. 11-12)
1. Amar a Dios y andar en la luz produce regocijo
   a. La acción de gracias fluye de corazones consagrados
   b. Hacer componendas con el enemigo produce pesar
2. Detestamos el mal porque amamos a nuestro santo Dios
   a. Nos regocijamos en la justicia de nuestro Señor
   b. Damos gracias por su santidad
3. Amar a Dios y aborrecer el mal se ha convertido en nuestra brújula para la vida

III. Conclusión

A. La rendición total debe ser nuestra meta

B. No hay punto medio

C. El amor a Dios se mide por nuestro aborrecimiento del pecado

D. ¿Cuánto ama usted a su Señor crucificado y resucitado?

FE DE OTOÑO

Juan 4:34-38

I. Introducción

A. El otoño es la estación más bella

1. Septiembre trae nostalgia: los días de clases y los recuerdos en el ambiente
2. Octubre: cuando el Pintor por excelencia despliega su obra
    a. Los árboles parecen cubiertos de fuego, los lagos tienen una claridad cristalina, los peces saltan
    b. Los cazadores se dirigen a sus sitios predilectos en busca de soledad
    c. Las aves empiezan a migrar hacia lugares más cálidos; también migran los pinzones de las nieves
    d. Las lunas otoñales inspiran la elocuencia de los amantes
3. Noviembre nos hace pensar en dar gracias

B. ¿Qué tiene el otoño que ver con la fe?

II. Cuerpo

A. El otoño es la estación de alzar nuestros ojos (v. 35)

1. Por todas partes, se ven indicios de la obra del Señor
2. En esta bella estación, debe ser difícil ser ateo
3. El otoño debe recordarnos el amor de Dios, su cuidado y su plan
    a. Alzar nuestros ojos debe impedir que los pongamos en las cosas de la Tierra
    b. Es difícil ser positivo cuando estamos en una depresión
4. El otoño nos recuerda el diseño de Dios en la creación
5. El otoño es la estación para maravillarnos del mayor diseño de Dios: la salvación
6. Responder por fe a su plan transformará nuestra vida

B. El otoño es la estación para mirar los campos (v. 35)

1. "Ya están blancos para la siega"
    a. La cosecha es bella
    b. Una cosecha de almas es una bendición
2. Es importante que una iglesia mire hacia los campos

a. Primero debemos mirar hacia arriba… luego hacia afuera
b. Es peligroso mirar siempre hacia adentro
3. Miremos hacia los campos más que hacia las faltas de otros
a. No hay iglesias ni pastores perfectos
b. Tenemos un Salvador perfecto: mire hacia Él
4. ¿Está usted concentrándose en los perdidos que viven cerca de su vecindario?
a. ¿Hasta dónde se interesa usted por los perdidos?
b. ¿Está usted haciendo algo respecto a esa inquietud?

C. *El otoño es la estación de trabajar en la cosecha (v. 36)*
1. Esto es válido para los campos de frutos y granos
2. También lo es en el campo de ganar almas
3. Los métodos de cosechar varían: adáptese y gane almas
4. Use todos los medios posibles para alcanzar a los perdidos (1 Co. 9:22)

III. Conclusión

A. *Dios tiene grandes recompensas para los recolectores de la cosecha*

B. *¿Qué hará usted para traer los frutos de la cosecha?*

LA TRISTE SORPRESA

Mateo 7:21-23

I. Introducción

A. En la vida hay muchas decepciones

1. Algunas tienen que ver con fracasos en la familia y la profesión
2. Otras se relacionan con sueños hechos trizas o metas no alcanzadas

B. La mayor decepción será no entrar en el cielo

1. Hay un viejo canto que dice que no todos los que hablan del cielo irán al cielo
2. La sorpresa más triste será esperar el cielo y llegar al infierno

C. ¿Qué salió mal con los hacedores de nuestro texto?

II. Cuerpo

A. Profesaban creer en Cristo, pero no tenían a Cristo (v. 21)

1. Decían las palabras correctas, pero se perdían el mensaje
   a. Llamaban a Jesús "Señor", pero no lo hacían su Señor
   b. Aceptaban su título, pero no confiaban en Él
2. Muchos predicaban el mensaje, pero no lo vivían
   a. Tenían una buena apariencia, pero fingían la fe
   b. Se especializaban en palabras más que en la voluntad de Dios
3. Tenían religión, pero ignoraban la redención
   a. La salvación requiere que enfrentemos nuestros pecados y recibamos perdón
   b. Hacer la voluntad de Dios empieza con recibir a Cristo (Jn. 6:37-40)
   c. ¿Ha abandonado usted sus pecados y se ha vuelto al Salvador?

B. Trabajaban para impresionar, pero se ganaron la angustia final (v. 22)

1. Eran activamente religiosos
   a. Sabían lo suficiente respecto a las Escrituras para explicar las profecías
   b. Parecían tener respuestas a las preguntas sobre el futuro
2. Afirmaban tener poder sobre las fuerzas demoníacas

a. La gente los llamaba para expulsar demonios
b. Afirmaban audazmente tener poder sobre Satanás
3. Se les honraba por sus muchas obras religiosas
a. Otros pensaban que sus obras eran maravillosas
b. Estaban orgullosos de todo lo que hacían en nombre de Dios
4. Si el cielo se obtuviera por obras, ellos lo habrían alcanzado
5. La salvación es por gracia mediante la fe (Ef. 2:8-9; Tit. 3:5-7)

C. Afirmaban ser vencedores, pero en realidad eran solo pecadores (v. 23)
1. El Señor respondió a la falsa profesión de ellos
a. "Nunca os conocí"
b. "Apartaos de mí"
2. Estos ampliamente honrados profesantes son hacedores de iniquidad
3. El Señor ve nuestros corazones, la hipocresía no le es oculta

III. Conclusión

A. Asegúrese hoy de su salvación
B. No espere a terminar con una triste sorpresa

LA VIDA QUE RESISTE LA TORMENTA

Mateo 7:24-27

I. Introducción

A. Jesús era el Gran Ilustrador

1. Él ha descrito el destino de los que son religiosos, pero están perdidos
2. Ahora Él habla de dos hombres que ilustran la fe falsa y la verdadera

B. Los dos constructores representan a toda la gente

1. El sabio oyó la Palabra de Dios y la obedeció
2. El necio oyó la Palabra de Dios y la ignoró

II. Cuerpo

A. El sabio construyó su casa sobre una roca (v. 24)

1. La roca proporcionaba una base sólida
    a. El Señor es nuestra roca (Sal. 28:1)
    b. Él es nuestra única roca fuerte (Sal. 62:2, 6-7)
2. Cristo es nuestro fundamento firme
    a. Ningún otro fundamento resistirá (1 Co. 3:11)
    b. Este fundamento está firme (2 Ti. 2:19)
3. ¿Está usted construyendo su vida sobre este fundamento?
    a. ¿Ha confiado usted en Cristo como su Salvador?
    b. ¿Está usted construyendo su vida sobre su Palabra?
4. Luego vino una fuerte tormenta que puso a prueba la estructura de la casa
5. La casa del sabio soportó con firmeza la tormenta

B. El necio construyó su casa sobre la arena (v. 26)

1. Él oyó la Palabra de Dios, pero la ignoró
2. Hay muchas opciones para fundar nuestra vida
    a. Algunos deciden construir sobre la riqueza
    b. Algunos deciden construir sobre el placer
    c. Algunos deciden construir sobre el elogio de la gente
3. ¿Sobre qué fundamento está usted construyendo su vida?
4. ¿Se sostendrá su vida cuando llegue la tormenta?
5. La tormenta derribó la casa del necio

C. ¿Qué constituyó la diferencia?

1. Las devastadoras tormentas de esta parábola fueron las mismas
    a. Descendió lluvia, y vinieron ríos

b. Los vientos soplaron y azotaron las dos casas
2. La diferencia estaba en el fundamento
a. La casa construida sobre la roca se mantuvo firme
b. La casa construida sobre la arena se desplomó
3. Examine el fundamento de su vida
4. ¿Soportará su vida cuando lleguen las tormentas?

III. Conclusión

A. Todos enfrentamos tormentas

B. Construyamos nuestras vidas sobre Cristo y su Palabra

¿POR QUÉ PODÍA CRISTO HABLAR CON AUTORIDAD?

Mateo 7:28-29

I. Introducción

A. A menudo las enseñanzas de Jesús maravillaban a sus oyentes

1. Las multitudes estaban acostumbradas a oír teorías u opiniones religiosas
2. Jesús habló con autoridad, no como los escribas o fariseos

B. ¿Por qué pudo Cristo hablar con autoridad?

1. Él habló con autoridad por ser quien es
2. Él habló con autoridad por lo que estaba haciendo
3. Él habló con autoridad por lo que va a hacer

II. Cuerpo

A. ¿Quién es Jesús?

1. Él es la segunda persona de la Trinidad (Mt. 28:18-20)
   a. Bautizamos en el nombre del Padre, del Hijo y del Espíritu Santo
   b. Su posición en la Trinidad se declara en cada bautismo
2. Él es el Creador (Jn. 1:4)
3. Él es el Redentor (Col. 1:14)
4. Él es el Eterno
   a. "...Antes de que Abraham fuese, yo soy" (Jn. 8:58)
   b. "...yo soy el primero y el último" (Ap. 1:17)
5. Él es el unigénito del Padre (Jn. 3:16)
6. Él es el único camino al cielo (Jn. 14:6)

B. ¿Qué estaba haciendo Jesús?

1. Él estaba en su misión de redención
   a. Él era más que un gran maestro
   b. Él era mucho más que solo un personaje religioso popular
   c. Él era el Cordero de Dios en su camino a la cruz (Jn. 1:29)
2. Él se humilló para que nosotros fuéramos exaltados (Fil. 4:6-8)
3. Él estaba revelando verdades eternas a quienes lo escuchaban
4. Él estaba demostrando su poder sobre el pecado y la enfermedad (Mt. 8:1-3)

5. Él estaba demostrando su poder sobre la naturaleza al calmar un mar en tempestad (Mt. 8:26)
6. Él estaba liberando a los pecadores (Mt. 9:1-3)
7. Él estaba dirigiéndose a la cruz para morir y resucitar (Mt. 27—28)

C. *¿Qué va a hacer Jesús?*
1. Él va a regresar por su Iglesia (Jn. 14:1-6)
2. Él va a resucitar a los cristianos (1 Ts. 4:13-18)
3. Él va a regresar con su Iglesia para poner fin a Armagedón (Ap. 19)
4. Él va a establecer su reino y reinará por mil años (Ap. 20:4-7)

III. Conclusión

A. *¿Ha oído usted la Palabra de Dios y la ha obedecido?*
B. *¿Ha recibido a Cristo como su Salvador?*
C. *¿Está usted listo para el regreso del Señor?*
D. *¿Se ha rendido usted a su autoridad?*

PROBAR A DIOS

Malaquías 3:7-11

I. Introducción

A. Dios llamó a estas personas a volver a Él (v. 7)
1. Estas personas se habían descarriado tal como lo hicieron antes sus padres
2. Dios los invitó a regresar y ser recibidos por Él

B. Ellos fingieron ignorancia ante Dios
1. "¿En qué hemos de volvernos?"
2. ¿Qué hemos hecho?

C. El diálogo dinámico revela su pecado

II. Cuerpo

A. Dios pregunta y responde (v. 8)
1. "¿Robará el hombre a Dios?"
   a. Dios prevé sus respuestas de inocencia
   b. "¿En qué te hemos robado?"
2. La sorprendente respuesta fue: "En vuestros diezmos y ofrendas"
3. Por generaciones se les había enseñado sobre el diezmo y la ofrenda
   a. Abraham diezmó (He. 7:4)
   b. Jacob diezmó (Gn. 28:18-22)
   c. Los diezmos estaban prescritos en la ley (Dt. 12:6)
4. Esta gente deliberadamente le había estado robando a Dios (v. 8)
5. ¿Ha estado usted reteniendo lo que le debemos al Señor?

B. Dios desafía y promete (v. 10)
1. "Traed todos los diezmos al alfolí"
   a. Obedecer este mandato demandaba fe
   b. ¿Cómo satisfarían ellos las necesidades de sus familias?
2. Un desafío divino estuvo acompañado de una promesa segura
   a. Dios reta a su pueblo a probarlo
   b. El cumplimiento de su promesa será la prueba de su fidelidad
3. ¿Qué producirá el hecho de aceptar el desafío de Dios?
   a. Él abriría las ventanas de los cielos y los bendeciría

b. Sus bendiciones serían más de lo que ellos podían contener

4. ¿Ha aceptado usted el reto de bendición de Dios?
5. ¿Ha puesto usted a prueba la fidelidad de Dios?

C. *Dios conforta y garantiza (v. 11)*

1. "Reprenderé por vosotros al devorador"
   a. Ellos podían descartar sus temores de consagrarse plenamente
   b. Dios los recompensaría con más de lo que pudieran imaginar
2. La garantía de Dios los protegería del desastre
   a. Sus temores de no tener suficiente nunca se materializarían
   b. Abundantes bendiciones serían el resultado de probar a Dios por fe

III. Conclusión

A. *¿Qué ha estado usted negándole a Dios?*

B. *Arriesgue todo probando a Dios y descubra que Él es fiel*

EL GOZO DE DAR Y RECIBIR

Lucas 6:38

I. Introducción

A. El miembro tacaño de la iglesia dialoga con su pastor

1. Tacaño: "Aquí solo oigo hablar de dar y dar y dar"
2. Pastor: "Gracias por la mejor descripción de la vida cristiana que he oído"

B. La vida cristiana se trata de dar

1. Cristo dio su vida en la cruz para dar salvación (Gá. 2:20)
2. Los héroes de la fe dieron sus vidas como mártires (He. 11)
3. Los miembros de la iglesia primitiva dieron para permitir que otros sobrevivieran (Hch. 4:32)
4. Dios ama al dador alegre (2 Co. 9:7)

II. Cuerpo

A. El Señor nos ordena dar

1. El mandato del Señor es claro: "Dad"
2. Dar no es una opción que se acepta o se rechaza
   a. Al dar obedecemos al Señor
   b. Cuando damos a los pobres prestamos al Señor (Pr. 19:17)
3. Cuando damos seguimos el ejemplo de Jesús
   a. Él, siendo rico, se hizo pobre (2 Co. 8:9)
   b. Nuestra salvación debería recordarnos el dar
4. Las ofrendas para misiones multiplican los dadores y mantienen las dádivas
5. Una iglesia que da llega a ser una iglesia creciente

B. El Señor hace una promesa a los dadores

1. "Dad y se os dará" (v. 38)
   a. Salomón señaló que nuestros dones regresan: "Echa tu pan sobre las aguas; porque después de muchos días lo hallarás" (Ec. 11:1)
   b. Dar es invertir en el futuro
2. Dar es como sembrar semillas
   a. Sin siembra no hay cosecha
   b. Aquí se aplica la ley de la cosecha (Gá. 6:7-9)
3. Las iglesias que dan el evangelio al mundo reciben muchas bendiciones

C. El Señor garantiza recompensas
1. Dar tiene como resultado final recibir
2. Esas recompensas son con "medida buena"
   a. Son medida apretada y remecida
   b. No solo se nos devuelven, sino que rebosan
3. Así describió John Bunyan este dar y recibir: "Hubo una vez un hombre (creían que desvariaba) que siempre repartía y mucho más le quedaba"

III. Conclusión

A. El tacaño recibe en la medida que da

B. Un proverbio habla de dar y recibir
1. "El alma generosa será prosperada; y el que saciare, él también será saciado" (Pr. 11:25)
2. Jesús garantizó que este proverbio es cierto (Lc. 6:38)

EL SECRETO SAGRADO

Mateo 24:32-42

I. Introducción

A. Parábolas y profecía

1. La higuera es una profecía del verano
2. El diluvio de los días de Noé anticipa lo sorpresivo del regreso de Cristo
3. Los obreros serán tomados por sorpresa en la Segunda Venida de Cristo

B. Los que fechan el regreso de Cristo tienen un dilema

1. Se han dado fechas erróneas para el regreso de Cristo: 1843, 1844, 1914, 1988
2. Ni siquiera los ángeles del cielo saben cuándo regresará Cristo

C. ¿Por qué es la fecha de regreso del Señor un secreto sagrado?

II. Cuerpo

A. El regreso de Cristo tomará al mundo por sorpresa (vv. 32-41)

1. Debemos estar siempre listos para el regreso del Señor
2. Recuerde a los que dudaron del mensaje de arrepentimiento de Noé
   a. Estaban demasiado ocupados en vivir, como para mirar a lo alto
   b. No estaban dispuestos a prestar atención a las advertencias de Noé
3. Hoy día, solo una minoría vive teniendo presente el pronto regreso de Cristo
   a. La mayoría está tan dedicada a la diversión que no tiene tiempo para la devoción
   b. Se hallan tan consumidos por el placer que ignoran las peticiones de Cristo
4. El plan de Dios interrumpirá los planes de los buscadores de placer
5. El diluvio vino y demostró que las advertencias de Noé eran ciertas

B. El regreso de Cristo tomará a los cristianos por sorpresa (v. 42)

1. Ni siquiera los cristianos conocen la fecha del regreso de su Señor
   a. Algunos pensaron que habían logrado calcular esa fecha
   b. Todos se han equivocado y se equivocarán
2. ¿Qué saben los cristianos respecto al regreso de Cristo?
   a. Saben que viene, debido a su promesa (Jn. 14:1-3)
   b. Saben que viene, debido a la promesa de los ángeles (Hch. 1:9-11)
   c. Saben que viene, debido a la promesa de las Escrituras (Ap. 22:7, 12, 20)
3. El secreto sagrado demuestra que la venida de Cristo es un evento siempre inminente (Mt. 25:13)
   a. Esto purifica las vidas de los creyentes (1 Jn. 3:2-3)
   b. Debemos esperar el regreso de Cristo todos los días
   c. A lo largo de los siglos, los cristianos han vivido con esta expectativa (Tit. 2:11-14)

C. El secreto sagrado debe agregar urgencia al evangelismo (vv. 42-46)

1. El evangelismo es responsabilidad de todos los cristianos
   a. Los tiempos y las sazones son secretos sagrados (Hch. 1:7)
   b. Debemos ser testigos de Cristo hasta que Él regrese (Hch. 1:8-11)
2. El regreso de Cristo pondrá fin a nuestra oportunidad para evangelizar
   a. Todos los cristianos se irán en el arrebatamiento (1 Ts. 4:13-18)
   b. Hay promesa de bendición para los que evangelicen antes del regreso de Cristo (v. 46)

III. Conclusión

A. ¡Cristo podría venir hoy!

B. Entonces, ¿cómo viviremos?

EL MEJOR DÍA DEL AÑO

Eclesiastés 7:10

I. Introducción

A. Algunos miran constantemente hacia atrás

1. Prefieren el pasado al presente
2. El momento actual nunca se compara con sus recuerdos

B. Salomón nos insta a valorar cada día

1. Ayer ya pasó, y mañana no ha llegado aún
2. "Es necio exaltar lo bueno de los tiempos pasados, como si las épocas anteriores no hubieran tenido cosas para quejarse, semejantes a las actuales. Esto surge del descontento y de la disposición de altercar con Dios" (Matthew Henry)

C. ¿Qué es lo bueno de hoy?

II. Cuerpo

A. Hoy es el día de salvación (2 Co. 6:2)

1. Vivimos en el período más favorecido de la historia
   a. El precio de nuestra salvación ya ha sido pagado
   b. No estamos bajo la ley sino bajo la gracia
2. No es necesario esperar un día más para ser salvo
   a. No hay que hacer ninguna cantidad de buenas obras antes de ser salvo (Ef. 2:8-9)
   b. Este puede ser el día en que la vida eterna empiece para usted (Jn. 3:36; 1 Jn. 5:12)
3. No se demore. Venga y reciba a Cristo por fe hoy
4. El Señor está tocando *hoy* a la puerta de su corazón (Ap. 3:20)

B. Hoy es el día de rendirse totalmente (He. 3:7-13)

1. Nunca ha habido un mejor día para dedicarse totalmente a Cristo
2. El Espíritu Santo está obrando en su corazón hoy
3. No endurezca su corazón a la voz del Espíritu Santo
   a. Otros han resistido neciamente la voz de Dios
   b. Esto ha tenido como resultado la pérdida de grandes bendiciones
4. No endurezca su corazón a los ruegos de otros cristianos (v. 13)
   a. Responda hoy a la obra de Dios a través de sus siervos

   b. No concluya que Dios solo habló a través de su pueblo en el pasado
5. La demora puede hacer que usted se endurezca por el engaño del pecado

C. Hoy es el día de ganar activamente las almas (2 Ti. 4:5)

1. Pablo llama a un joven pastor a hacer obra de evangelista
   a. Este es el trabajo más descuidado en las iglesias hoy
   b. Este descuido frena el crecimiento de la iglesia y las bendiciones individuales
2. ¿Por qué la falta de evangelismo en nuestro tiempo?
   a. Algunos siguen con la mirada puesta en el magnífico trabajo de evangelistas del pasado
   b. Otros están esperando que Dios levante evangelistas en el futuro
3. Dios nos llama hoy a hacer diariamente la obra de evangelismo

III. Conclusión

A. Debemos abandonar la práctica de permitir que el pasado o el futuro nos detengan

B. Dios bendecirá a los que den todo hoy a Él

Octubre

EL PODER DE UNA MENTE SIN PREOCUPACIONES

Se inicia la *Serie sobre el poder.* *Filipenses 4:6*

I. Introducción

A. Las preocupaciones de la vida pueden dejarnos sin poder

1. Concentrarnos en los problemas debilita la fe
2. Las preocupaciones consumen el potencial de la mente
   a. A menudo las preocupaciones son causadas por idolatrar el placer y el dinero (Mr. 4:19; Lc. 8:14)
   b. Las preocupaciones pueden impedirnos esperar el regreso de Cristo (Lc. 21:34)

B. Pablo pide una mente sin preocupaciones

1. "Por nada estéis afanosos [ansiosos]…" (v. 6)
2. ¿Cómo podemos lograr esta importante meta?

II. Cuerpo

A. Debemos confiar en vez de temblar (Is. 26:11)

1. La ansiedad impide los logros
   a. Piense en el potencial de una mente sin temor
   b. Piense en las invenciones y los logros del pensamiento concentrado
2. La fe y el temor son opuestos
   a. La fe da salvación, seguridad y paz
   b. Una mente tranquila es una mente poderosa
3. La fe expulsa el temor y pone todo a nuestro alcance (Mr. 9:23; He. 11:1)
4. "La fe está muerta para la duda, muda para el desaliento, ciega a las imposibilidades y no conoce nada más que el éxito" (V. Raymond Edman). ¡Eso es dotación de poder!

B. Debemos perdonar en vez de airarnos (Ef. 4:31-32)

1. ¿Cómo manejamos la amargura, la ira, el enojo y la malicia?
   a. Hay que eliminar estos obstáculos al poder
   b. La ira obstaculiza los logros
2. Piense en lo que la ira le hizo a Caín (Gn. 4:5)
   a. La ira nos quita el poder de bendecir a otros
   b. La ira arruina el compañerismo y el servicio cristiano
3. El perdón es el antídoto a la ira (v. 32)
   a. "Antes sed benignos unos con otros"
   b. "Perdonándoos unos a otros"

4. El perdón abre los canales de poder

C. Debemos soltar en vez de retener (1 P. 5:7)

1. Podemos echar nuestras preocupaciones sobre Cristo y quedar libres de ellas
    a. Apegarnos a nuestras preocupaciones nos debilita y nos fatiga
    b. Poner nuestras preocupaciones sobre Cristo nos libera
2. Tenemos la opción de deshacernos de nuestras preocupaciones
    a. Dios nos ama; Cristo murió por nosotros
    b. La cruz demuestra este amoroso cuidado (Ro. 5:8)

III. Conclusión

A. El poder de Dios puede fluir mediante nosotros a otros

B. Confiar, perdonar y soltar desata el poder

EL PODER DE LA ORACIÓN

Serie sobre el poder. *Filipenses 4:6-7*

I. **Introducción**
   A. *La mente sin preocupaciones está lista para la oración*
      1. Podemos venir a Dios con fe, esperando respuestas
      2. Ya no somos inestables, de doble ánimo (Stg. 1:8)
   B. *El poder de la oración es ilimitado (Jer. 33:3)*
      1. La oración de fe pone a nuestro alcance todo lo que necesitamos
      2. "La fe hace que la perspectiva sea buena al mirar hacia arriba, brillante al mirar hacia afuera, favorable al mirar hacia adentro y gloriosa al mirar hacia el futuro" (V. Raymond Edman)

II. **Cuerpo**
   A. *La oración da poder para los días difíciles (v. 6)*
      1. "En toda oración y ruego"
         a. La oración es el remedio de Dios para las preocupaciones que nos aturden
         b. Nada es demasiado pequeño para que Dios se preocupe por eso ni demasiado grande para que Él lo maneje
      2. La oración ha rescatado a héroes de la fe en tiempos difíciles
         a. David oró, y el Señor lo salvó de sus problemas (Sal. 34:6)
         b. Daniel oró y salió ileso del foso de los leones (Dan. 6)
         c. Jonás oró y fue librado del vientre del gran pez (Jon. 2)
         d. Pedro oró en la cárcel y fue librado por un ángel (Hch. 12)
         e. Pablo y Silas oraron en prisión y fueron liberados por un terremoto (Hch. 16)
      3. La oración es la clave para la victoria en cada área de la vida
   B. *La oración da paz en tiempos difíciles (v. 7)*
      1. "Y la paz de Dios... guardará vuestros corazones y vuestros pensamientos"
      2. Existen tres dimensiones de la paz bíblica

a. La paz con Dios se produce mediante la fe (Ro. 5:1)
b. La paz de Dios se produce mediante el poder de la oración (Fil. 4:6-7)
c. La paz en la Tierra llegará cuando Cristo vuelva a reinar (Lc. 2:14; Ap. 19—20)

3. La oración da paz personal ahora a los que confían en Cristo
   a. La paz se produce mediante la oración contestada (Mt. 7:7)
   b. La paz se produce mediante súplicas sinceras al Salvador (Mr. 11:24)
   c. La paz se produce al orar en el poderoso nombre de Jesús (Jn. 16:24)
4. Orar con fe da una paz que sobrepasa todo entendimiento (Fil. 4:7)

C. La oración protege contra los ataques del enemigo

1. Los cristianos están en guerra con poderosos enemigos (Ef. 6:11-12)
   a. Pablo nos recuerda que estamos equipados para resistirlos
   b. Se nos ofrece la armadura espiritual para los constantes conflictos de la vida
2. La oración da poder para vencer a los enemigos espirituales (Ef. 6:18)
   a. Los vencedores en esta batalla oran sin cesar (1 Ts. 5:17)
   b. Confíe diariamente en la gran protección que brinda la oración

III. Conclusión

A. El intenso poder de la oración está más allá de nuestro entendimiento

B. Podemos esperar diariamente la victoria mediante el poder de la oración

EL PODER DE UN CORAZÓN AGRADECIDO

Serie sobre el poder. *Filipenses 4:6-7*

I. Introducción

A. *La acción de gracias es vital para la oración poderosa*

1. La gratitud reconoce la provisión de Dios: "Con acción de gracias"
2. La gratitud nos recuerda la oración contestada

B. *La acción de gracias eleva nuestro pensamiento al cielo*

1. No podemos quejarnos y sentir gratitud a la vez
2. No podemos ser gruñones y agradecidos a la vez

C. *Las personas agradecidas muestran diariamente el poder de Dios*

II. Cuerpo

A. *La acción de gracias aumenta la fe*

1. Recordar las bendiciones de Dios nos hace positivos
   a. Pablo nos dice que oremos sin cesar (1 Ts. 5:17)
   b. Él agrega que debemos dar gracias en todo (1 Ts. 5:18)
2. La acción de gracias debe ser parte vital de toda oración
3. "Debemos unir la acción de gracias a las súplicas y oraciones" (Matthew Henry)
4. La acción de gracias por respuestas a oraciones pasadas fomenta la fe de los que vendrán
   a. Dar gracias por lo que hemos recibido aumenta la expectativa de futuras bendiciones
   b. George Müller daba gracias incluso por sus pruebas
      (1) Llamaba a las pruebas "el alimento de la fe"
      (2) Veía las pruebas como razones para ejercer fe y hacerla crecer

B. *La acción de gracias mejora la salud*

1. "La acción de gracias tiene gran poder curativo" (A. W. Tozer)
2. "Dar gracias es éticamente bueno, porque es justo, y es emocionalmente bueno, porque entusiasma al corazón" (C. H. Spurgeon)
3. "El corazón alegre constituye buen remedio…" (Pr. 17:22)

4. La acción de gracias y la oración dan una paz que sobrepasa todo entendimiento
   a. Un corazón en paz ve las dificultades como parte del diseño de Dios
   b. El estrés no puede permanecer en un corazón agradecido, porque la paz lo supera
5. Las personas agradecidas ven renovarse su fortaleza, aun en tiempos difíciles (Sal. 103)

C. *La acción de gracias inculca el deseo de ser como Jesús*
1. Jesús dio el ejemplo de tener un corazón agradecido
   a. Él dio gracias por la revelación de la voluntad de su Padre (Mt. 11:25)
   b. Él dio gracias por la provisión de alimento (Jn. 6:11)
   c. Él dio gracias en la primera Santa Cena (Mt. 26:27)
   d. Él dio gracias por la oración contestada (Jn. 11:41)
2. Al igual que Jesús, debemos ser siempre agradecidos (1 Jn. 2:6)

III. Conclusión

A. *Las personas agradecidas motivan a otras a evangelizar*
B. *Las personas agradecidas dan unidad y paz a una iglesia*
C. *Las personas agradecidas son necesarias para alentar a otras*
D. *¿Es usted un ejemplo del poder de un corazón agradecido?*

EL PODER DEL PENSAMIENTO CONTROLADO POR CRISTO, PARTE 1

Serie sobre el poder. *Filipenses 4:8*

I. **Introducción**
   A. *Esta serie resume los principios del poder*
      1. Tres sermones representarán el propósito de esta serie
      2. Estos se concentrarán en la verdad, la pureza y la alabanza
   B. *Jesús personificó la verdad (Jn. 14:6)*
      1. Él fue honrado en su vida y su enseñanza
      2. Él fue justo y compasivo con todos

II. **Cuerpo**
   A. *Ser veraces nos mantiene concentrados en la meta*
      1. "Por lo demás, hermanos, todo lo que es verdadero"
         a. La vida presenta opciones de verdadero/falso
         b. Diariamente, nos encontramos con estas opciones
      2. La verdad se arraiga en las Escrituras
         a. Jesús dijo: "...tu palabra es verdad" (Jn. 17:17)
         b. Responder a la enseñanza de la Biblia nos hace veraces
         c. Guardar la verdad en nuestros corazones nos hace veraces (Sal. 119:9-11)
      3. Adoptar la verdad demanda rechazar el error
         a. Pablo pide a las iglesias de Galacia que rechacen el error (Gá. 1:6-8)
         b. Los últimos días se caracterizarán por el abandono de la verdad (2 Ti. 3:1-7)
      4. Concentrarnos en Jesús mantiene nuestra veracidad en toda circunstancia (He. 12:2)
   B. *Ser honestos impide que nos descarriemos*
      1. "...todo lo honesto"
         a. Esto es pensar en la forma más elevada
         b. Nuestras mentes deben ocuparse en pensamientos nobles
      2. Este tipo de pensamiento es lo opuesto de la hipocresía
         a. Es pensar en forma distinta de los fariseos (orgullosos)
         b. Es pensar en forma distinta de los saduceos (dudosos)
      3. ¿Cómo es posible mantener nuestros pensamientos en este nivel?

a. Sería imposible hacerlo aparte de Cristo (Ro. 7:18)
b. "…Mas nosotros tenemos la mente de Cristo" (1 Co. 2:16)

C. Apegarnos al Justo nos mantiene conectados

1. "...todo lo justo"
2. La voluntad del Señor para su pueblo es que este sea justo
   a. No debemos pervertir la justicia (Dt. 16:19)
   b. Debemos seguir lo que es justo (Dt. 16:20)
3. Pedro dijo que Jesús murió, el justo por los injustos (1 P. 3:18)
4. Nuestras mentes deben concentrarse en Cristo, el Justo

III. Conclusión

A. David oró para que sus pensamientos fueran gratos a Dios (Sal. 19:14)

B. "Las palabras son una burla si el corazón no medita en ellas" (C. H. Spurgeon)

C. El pensamiento controlado por Cristo agrega poder a la vida

EL PODER DEL PENSAMIENTO CONTROLADO POR CRISTO, PARTE 2

Serie sobre el poder. *Filipenses 4:8*

I. **Introducción**
   A. Cuando Cristo controla nuestros pensamientos, la vida entera se transforma
      1. No somos lo que creemos ser
      2. Somos lo que pensamos (Pr. 23:7)
   B. El pensamiento controlado por Cristo tiene tres características
      1. Pensamos en lo puro
      2. Pensamos en lo amable
      3. Pensamos en lo de buen nombre

II. **Cuerpo**
   A. El poder de la pureza nos cambia
      1. "...todo lo puro"
      2. Piense en cosas que no contaminen la mente
         a. Estamos continuamente rodeados de cosas impuras
         b. Los pensamientos impuros nos privan del poder del Espíritu Santo
      3. Las fuentes de impureza nos rodean
         a. Los materiales impresos que se concentran en la inmoralidad son impuros
         b. Las producciones de televisión que violan los estándares cristianos son impuras
         c. Las películas con tramas inmorales y lenguaje indecente son impuras
      4. ¿Aprobaría Jesús lo que vemos y oímos? (1 P. 2:21)
      5. ¿Están los pensamientos impuros afligiendo al Señor y apagando el potencial de usted?
   B. El poder de lo amable nos cambia
      1. "...todo lo amable"
      2. ¿Qué quiere decir Pablo con lo amable?
         a. Quiere decir lo que produce descanso y paz
         b. Hay que evitar los pensamientos que producen contienda
      3. ¿Qué puede usted hallar en otros que sea amable?
         a. ¿Busca usted la fe o las fallas?

b. ¿Busca santidad o santurronería?
4. Dios se complace cuando nos concentramos en las cosas que unen el Cuerpo de Cristo
a. Siempre es más fácil ser parte de una facción que ponernos en acción
b. Buscar lo amable restituye el poder a la Iglesia y glorifica a Dios

C. El poder de creer lo que es de buen nombre nos cambia
1. "...todo lo que es de buen nombre"
2. Toda iglesia tiene gente que habla de ella
a. Algunos hablan siempre de lo malo
b. Los que son sabios hablan de las bendiciones que ven a su alrededor
3. ¿De qué habla usted?

III. Conclusión

A. Todas estas poderosas cualidades se encuentran en Cristo
B. La rendición total a Cristo las reproduce en nosotros
C. El pensamiento controlado por Cristo nos convierte en canales de su poder

EL PODER DEL PENSAMIENTO CONTROLADO POR CRISTO, PARTE 3

Concluye la *Serie sobre el poder.* *Filipenses 4:8*

I. Introducción

A. La victoria o la derrota dependen de quién controla nuestro pensamiento

1. "La mayor área de pecado en la vida del creyente no es la de las acciones sino la de los pensamientos" (J. Dwight Pentecost)
2. Cuando Cristo, el vencedor, controla nuestro pensamiento, la victoria es segura

B. Repasemos los componentes del poder

1. El poder de lo verdadero, lo honesto y lo justo nos hace testigos poderosos
2. El poder de lo puro, lo amable y lo de buen nombre nos da un poderoso testimonio

C. El poder de la virtud y la alabanza nos cambia

II. Cuerpo

A. La victoria y la virtud nos cambian

1. "...si hay virtud alguna"
   a. Debemos buscar virtudes en otros
   b. Los que buscan faltas se convierten en criticones
2. "Es importante que nunca permitamos que nuestras mentes se alimenten, como buitres carroñeros, de lo perverso, lo inmundo y lo profano de la carne" (H. A. Ironside)
3. Las iglesias que construyen sobre fallas deben esperar terremotos
   a. Dejemos de concentrarnos en lo que hace el diablo
   b. Pongamos nuestros ojos en lo que hace Dios y demos gracias

B. El poder y la alabanza nos cambian

1. "...si algo digno de alabanza"
   a. Se nos llama a unirnos a los que alaban
   b. Deje de hacer pucheros y empiece a alabar: el resultado será poder
2. Cada cristiano debe ser una alabanza ambulante
   a. Los que alaban ven más allá de los problemas actuales

      b. Dios tiene el control y merece nuestra alabanza constante (Ro. 8:28)
   3. Pablo tenía un problema con Evodia y Síntique
      a. Ellas tenían dificultad para llevarse bien, lo que causaba contienda
      b. Debían buscar mutuamente sus virtudes y alabar a Dios por lo que descubrieran
      c. Piense en lo que este cambio de actitud haría por nuestra iglesia

C. *Cristo es el conquistador*
   1. ¿Dónde podemos hallar personificadas la verdad y la honradez? En Cristo
   2. ¿Quién es justo y puro? Cristo
   3. ¿Quién es totalmente amable? Cristo
   4. ¿Quién es siempre bueno? Cristo
   5. ¿Quién es virtuoso y digno de nuestra alabanza? Cristo

III. Conclusión

A. *El pensamiento controlado por Cristo da paz personal*
B. *¿Controla Cristo su vida y sus pensamientos?*
C. *Rinda todo a Jesús y experimente diariamente su poder*

NAVIDAD MISIONERA

Filipenses 4:9-17

I. Introducción

A. *¿Por qué es Navidad en octubre?*

1. Es el momento de dar regalos de Navidad a nuestros misioneros
2. Queremos que nuestros regalos lleguen a todo el mundo para el día de Navidad

B. *Demostramos nuestro amor al dar*

1. Dios ha mostrado su amor por nosotros al darnos a su Hijo
2. Los misioneros muestran su amor sirviendo a su Señor
3. Debemos ser fieles en dar a los siervos de Dios

C. *¿De qué se trata la ofrenda misionera?*

II. Cuerpo

A. *La ofrenda misionera muestra nuestro interés (v. 10)*

1. "Ya al fin habéis revivido vuestro cuidado de mí"
   a. Estos cristianos eran conocidos por su interés en otros
   b. Esta no era la primera vez que le habían enviado dones a Pablo
2. Esta iglesia recordaba el fiel ministerio de Pablo para ellos
   a. Anhelaban mostrar su agradecimiento por su servicio
   b. Muchos dieron de su pobreza porque amaban a Pablo
3. ¿Saben nuestros misioneros que nos interesamos por ellos?
4. La ofrenda misionera muestra nuestro amor por Cristo y sus siervos
5. El servicio con sacrificio merece ofrendas con sacrificio

B. *Los misioneros merecen nuestras ofrendas (vv. 11-14)*

1. Los misioneros no son mendigos sino bendiciones
   a. Pablo había aprendido a vivir en circunstancias duras
   b. Muchos misioneros han aprendido a sobrevivir en situaciones difíciles
   c. Su pasión es alcanzar las almas, no acumular cuentas bancarias
2. Pablo estaba contento, ya fuera hambriento o satisfecho
   a. Su misión importaba más que el dinero

   b. Muchos misioneros tienen esta misma razón para estar satisfechos
   c. Debemos honrar su dedicación mediante ofrendas generosas
3. Nuestras ofrendas a los misioneros deben ir acompañadas de nuestras oraciones

C. *Dar a los misioneros aumenta las recompensas eternas (vv. 15-17)*
1. La iglesia de Filipos le había dado a Pablo cuando otros habían dejado de hacerlo
   a. Pablo dijo que ninguna otra iglesia daba como esta
   b. Esta iglesia daba vez tras vez
2. Pablo tenía razón para disfrutar de recibir estas ofrendas misioneras
   a. Satisfacían no solo sus necesidades temporales
   b. Él dijo que estas ofrendas producirían recompensas eternas
3. Nuestras ofrendas de hoy van más allá de los misioneros y llegan al corazón de Dios

III. Conclusión

A. *La Navidad nos recuerda el mayor don de Dios*

B. *Hagamos de esta Navidad misionera la más grande que jamás hemos tenido*

UN MISIONERO SATISFECHO

Filipenses 4:18-19

I. Introducción

A. Pablo fue el mayor de todos los misioneros

1. Pablo tenía un corazón misionero: se interesaba por las almas y las iglesias
2. Pablo era un misionero siempre en acción con el evangelio de Cristo

B. Los filipenses eran cristianos sensibles que pensaban en los misioneros

1. Demostraron su interés orando y dando
2. Eran financieramente pobres, pero ricos en fe

C. Dios cuida de la iglesia que se interesa por los misioneros

II. Cuerpo

A. Pablo era un misionero satisfecho (v. 18)

1. "Pero todo lo he recibido y tengo abundancia"
   a. Pablo se regocijó en los dones que se le enviaron
   b. Él no se quejaba de otras dificultades
2. La prisión no pudo impedir que Pablo alabara a Dios
   a. Él estaba agradecido por una persona (Epafrodito)
   b. Él estaba agradecido por la provisión que este le trajo
   c. Él estaba agradecido por la iglesia que había enviado esta provisión
3. Pablo da una elocuente descripción de los dones enviados por esta iglesia
   a. Los dones eran un olor fragante, sacrificio acepto
   b. Los dones eran agradables a Dios

B. Los que los enviaron tendrían un suministro suficiente

1. "Mi Dios, pues, suplirá todo lo que os falta"
   a. Estos cristianos ganarían al dar
   b. Los que enviaron estos dones descubrirían que Dios era suficiente para sus necesidades
2. La ofrenda misionera por parte de una iglesia es una lección de siembra y cosecha
   a. Invertir en misiones produce bendiciones espirituales y financieras
   b. No hay límite para los recursos y la capacidad de proveer de nuestro Señor

3. H. A. Ironside comentó respecto a dar a los siervos de Dios: "La mejor parte debe ser siempre para Él, porque cuando hayamos dado al máximo, solo le habremos devuelto una pequeña porción de lo que le pertenece, y aun eso Él lo recompensará en abundancia"

C. *Tenemos un Salvador que satisface todas nuestras necesidades*
   1. El futuro financiero de una iglesia que da está asegurado
      a. Todas las necesidades de una iglesia generosa se satisfarán
      b. Una iglesia recibe bendición al dar y se empobrece al retener
   2. J. Dwight Pentecost comentó: "Puesto que Dios es infinito en gloria, puede dar para un número ilimitado de necesidades y quedar aún con un abastecimiento infinito".
   3. Los filipenses dieron de su pobreza, y Dios los recompensó con sus riquezas

III. Conclusión

A. *Dar a la obra misionera es una gran aventura para una iglesia*

B. *Las donaciones con fe a la obra misionera pueden producir avivamiento*

LAS GARANTÍAS DE LA GRACIA

Romanos 8:1, 38-39

I. Introducción

A. En la vida cristiana hay luchas

1. Cuando estamos en una batalla espiritual, tenemos compañía: todos los otros creyentes
2. Pablo entendía estas épocas difíciles y habló de ellas (Ro. 7)

B. Los conflictos espirituales son comunes a todos

1. Estos son los conflictos entre la carne y el Espíritu
2. A veces estas batallas hacen que nos sintamos sin ánimos de luchar más (7:19-24)

C. La victoria y la libertad se producen mediante la gracia

II. Cuerpo

A. La gracia garantiza que no hay condenación (v. 1)

1. "Ahora pues ninguna condenación hay"
   a. "Pues" nos hace preguntarnos la razón de esta palabra
   b. Esta garantía apunta a la lucha espiritual en el pasado de Pablo
   c. Su conclusión es que solo Cristo puede dar la victoria (7:25)
2. Jesús prometió liberarnos de la condenación (Jn. 3:17-18)
   a. "Dios no envió a su Hijo al mundo para condenar al mundo"
   b. "El que en Él cree no es condenado"
3. Tal como lo comentó Henry Alford: "En el caso de los que están en Cristo Jesús, este estado dividido termina en el glorioso triunfo del Espíritu sobre la carne"
4. Rechazar a Cristo como Salvador significa una condenación perpetua (Jn. 3:19)

B. La gracia garantiza liberación del dominio de la ley (vv. 2-4)

1. Nuestra salvación se basa totalmente en la fe (Ro. 5:1)
   a. Esto nos libera de la ley del pecado y de la muerte
   b. No podemos ser salvos ni guardados por Dios mediante la observancia de la ley
2. Piense en el fariseo perdido y en el publicano salvo (Lc. 18:10-14)

   a. El fariseo se jactaba de guardar la ley, pero estaba perdido
   b. El publicano puso su mirada en la gracia de Dios y fue salvo
3. Los gálatas trataron de mezclar la ley con la gracia y se percataron de que era inútil
   a. No somos salvos ni seguimos siéndolo mediante la ley (Gá. 2:16)
   b. La ley fue nuestro ayo para llevarnos a Cristo (Gá. 3:24)
4. Nuestra salvación se basa en la gracia, solo mediante la fe (Ef. 2:8-9)

C. La gracia garantiza que no hay separación (vv. 35-39)

1. Pablo pregunta: "¿Quién nos separará del amor de Cristo?"
   a. Piense en las posibilidades: tribulación, angustia, persecución
   b. Aún hay más posibilidades: hambre, desnudez, peligro, espada
2. Nada puede separarnos del amor del Salvador (v. 37)
3. Él estará con nosotros todo el tiempo, y nosotros, con Él toda la eternidad

III. Conclusión

A. ¿Ha respondido usted a la invitación de Dios para salvación?
B. ¿Está usted confiando en las garantías de la gracia?
C. ¿Quiere hablarle hoy a alguien de esta buena nueva?

COSAS PRECIOSAS

Se inicia la *Serie sobre 2 Pedro.* *2 Pedro 1:1-4*

I. Introducción

A. Introduzca la serie

1. Esta es una serie corta sobre un libro pequeño
2. Segunda de Pedro es un libro de maravilla, sabiduría y advertencia
3. Segunda de Pedro es un libro de promesa, prudencia y profecía

B. Hoy nos ocuparemos de tres preciosas posesiones

1. La fe es preciosa
2. La paz es preciosa
3. Las promesas son preciosas

II. Cuerpo

A. ¿Por qué es preciosa la fe? (v. 1)

1. La vida cristiana empieza con la fe (Hch. 16:31)
   a. Aparte de la fe, no hay salvación
   b. No podemos merecer el cielo por obras (Ef. 2:8-9)
2. La fe en Cristo produce justificación para los pecadores (Ro. 5:1-10)
   a. Todos somos pecadores (Ro. 3:10-19)
   b. Guardar la ley no puede justificar a los pecadores (Ro. 3:20)
   c. Somos justificados por fe, aparte de la ley (Ro. 3:24-26)
3. La fe produce perdón y vida eterna (Ro. 10:9-13)
4. Por tanto, no es sorprendente que Pedro la llame preciosa

B. ¿Por qué es preciosa la paz? (vv. 2-3)

1. Los perdidos están en una constante búsqueda de paz
   a. Por naturaleza somos gente preocupada en un mundo agitado
   b. La mayoría de las personas tratan de encontrar paz, pero hallan solo falsificaciones
   c. Continuar en el pecado impide la paz (Is. 57:21)
2. Encontramos paz mediante la fe en Cristo
   a. Él es el Príncipe de paz (Is. 9:6)
   b. Confiar en Cristo da paz en tiempos difíciles (Sal. 4:8)
   c. Concentrar nuestros pensamientos en Cristo da perfecta paz (Is. 26:3)

3. La rendición total a Cristo da una paz que sobrepasa todo entendimiento (Fil. 4:7)

C. *¿Por qué son preciosas las promesas de Dios? (v. 4)*

1. "Por medio de las cuales nos ha dado preciosas y grandísimas promesas"
    a. Las promesas de Dios son preciosas debido a quien las da
    b. Las promesas de Dios son preciosas porque son ciertas
    c. Las promesas de Dios son preciosas porque dan victoria diaria sobre el pecado
2. Estas preciosas promesas revelan la corrupción del mundo
3. Estas preciosas promesas son eternas (2 Co. 1:20)

III. Conclusión

A. *¿Ha pedido usted el cumplimiento de la preciosa promesa de salvación de Dios?*

B. *¿Está usted confiando hoy en las preciosas promesas de Dios?*

C. *Deje de preocuparse y empiece a confiar en las promesas de Dios*

CÓMO VENCER LA FALTA DE FRUTO

Serie sobre 2 Pedro. *2 Pedro 1:4-8*

I. Introducción

A. La vida cristiana tiene un gran comienzo

1. La fe en Cristo nos hace partícipes de la naturaleza divina
2. El Espíritu Santo entra en nuestras vidas en el momento del nuevo nacimiento (Jn. 3:5-8)
3. Aun así, algunos creyentes viven vidas sin fruto, sin cumplir su potencial (2 P. 1:8)

B. Las herramientas para la vida victoriosa vienen de Dios (1:5-8)

1. Podemos triunfar sobre el pecado y disfrutar la vida abundante
2. Las herramientas de Dios para el triunfo hacen posible la victoria personal

C. La fe inicia un flujo cada vez más amplio de poder

II. Cuerpo

A. La virtud y el conocimiento derivan de la fe (v. 5)

1. La fe nos une con Cristo
   a. No hay otro camino de salvación (Ro. 5:1)
   b. Esto, a su vez, hace posible una nueva vida (2 Co. 5:17)
2. De esta fe, deriva la virtud misma de Cristo
   a. Llegamos a preguntarnos: "¿Qué haría Jesús?"
   b. El cristiano normal anhela ser como Jesús
3. De esta virtud, fluye un deseo de conocer más sobre el Señor
   a. Descubrimos que estamos deseosos de escudriñar las Escrituras (2 Ti. 2:15)
   b. El conocimiento de las Escrituras nos guardará del pecado (Sal. 119:9-11)

B. La paciencia y el dominio propio derivan del conocimiento (v. 6)

1. Cuanto más sabemos de Jesús, más nos asemejamos a Él
2. Jesús personificó el dominio propio
   a. Sus enemigos trataron de hallar alguna falta en Él, pero no lo lograron

   b. Satanás trató de hacer que Él cediera a la tentación, pero no lo consiguió
3. Cuanto más cerca estamos de Jesús, más experimentamos el dominio propio
4. El conocimiento de Cristo y su Palabra nos hace pacientes
   a. No somos sacudidos por las tormentas de la vida porque Cristo es el Príncipe de paz
   b. Las cosas pequeñas no nos deprimen porque sabemos que Cristo tiene el control

C. La piedad, el afecto fraternal y el amor son el resultado de la paciencia (vv. 6-7)

1. La paciencia o perseverancia en tiempos difíciles nos hace piadosos
   a. Piense en las dificultades que Jesús soportó camino a la cruz
   b. Recuerde su paciencia cuando estuvo ante Herodes y Pilato
2. Recordar el afecto de Cristo nos hace afectuosos hacia otros cristianos
   a. Vea cuán afectuosos eran los cristianos después de Pentecostés (Hch. 2—5)
   b. Debemos ser afectuosos con nuestros hermanos y hermanas en Cristo
3. La gente debe saber que somos cristianos por nuestro amor (Gá. 5:22-23)

III. Conclusión

A. Los cristianos consagrados son librados de una vida sin fruto (v. 8)

B. El fruto deriva de la vida rendida a Cristo

C. ¿Hasta qué grado tiene usted fruto?

CUESTIÓN DE VIDA O MUERTE

Pausa en la *Serie sobre 2 Pedro.* *2 Pedro 1:12-15*

I. Introducción

A. Repasemos los fundamentos de la salvación

1. "Por esto" se refiere a todo lo dicho anteriormente
   a. Estas personas habían llegado a la fe en Cristo
   b. Se les había hablado de las garantías de la gracia
   c. Se les habían dado normas para el crecimiento cristiano

B. Pedro se dedica al desarrollo de ellos

1. Él promete que seguirá repitiendo lo que ellos deben saber para crecer
2. Él está decidido a establecerlos en la fe

C. El ministerio de Pedro tenía garantía de por vida

II. Cuerpo

A. Pedro tenía un propósito en la vida (v. 12)

1. Él sería fiel a los que habían venido a la fe
   a. Él seguiría instruyéndolos en el crecimiento cristiano
   b. Él demostraría su amor por ellos mediante la oración y la persistencia
2. Estos convertidos no serían simplemente números para Pedro
   a. Él seguiría recordándoles el amor de Dios
   b. Él los instruiría en las verdades del evangelio
3. Debemos seguir el ejemplo de Pedro en edificar a los creyentes
4. ¿Saben los convertidos de nuestra iglesia que nos preocupamos por sus necesidades?

B. Pedro era persistente al acercarse su muerte (v. 14)

1. Él sabe que está en la etapa de cuenta regresiva de la vida
   a. Él recuerda las palabras de Cristo respecto a su muerte (Jn. 21:18-19)
   b. Él no ha olvidado que su martirio se acerca
2. Pedro ve la brevedad de su tiempo como un llamado a enfatizar la gracia y el crecimiento
   a. Él no abandonaría a estos convertidos, ni siquiera en sus últimas horas
   b. Él quería que ellos supieran que podían contar con su amor y sus oraciones

3. "La cercanía de la muerte hace que el apóstol se ocupe con diligencia de las cosas de la vida" (Matthew Henry)
4. "Independientemente de hasta dónde caminemos en el valle de sombra de muerte o por cuánto tiempo nos demoremos allí, nuestra mente debe estar ocupada por un solo pensamiento: ¿cómo está usando Dios nuestra situación para tocar a otros?" (Elwood McQuaid, *2 Peter: Standing Fast in the Last Days [2 Pedro*: *Firmes en los últimos días*] [Bellmawr, NJ: Friends of Israel Gospel Ministry, 2001])

C. *Pedro tenía una visión positiva del futuro (v. 15)*
1. Él creía que estos convertidos serían fieles después de su muerte
   a. Sus esfuerzos se orientaban a esta meta
   b. Él confiaba que su ministerio continuaría a través de ellos
2. ¿Qué estamos haciendo para perpetuar el alcance de nuestra iglesia?
3. ¿Estamos equipando a los convertidos para que terminen la tarea del evangelismo mundial?

III. Conclusión

A. *Nuestro Señor nos ha comisionado para alcanzar al mundo*
B. *¿Qué estamos haciendo para cumplir su comisión? (Mt. 28:18-20)*

DÍA DE ACCIÓN DE GRACIAS Y NAVIDAD

Día de acción de gracias. *2 Corintios 9:15*

I. Introducción

A. Esta es una época interesante del año

1. Ya casi es Día de acción de gracias, y se acerca Navidad
2. Algunos se quejan de que la temporada de Navidad empieza demasiado pronto
3. ¿Por qué no dar gracias de que empezamos a celebrar temprano el nacimiento de Cristo?

B. Nuestro texto empieza con acción de gracias y termina con Navidad

1. "Gracias a Dios..." (eso es acción de gracias)
2. "...por su don inefable" (eso es Navidad)

C. Tres preguntas respecto a este texto se relacionan con acción de gracias y con dar

II. Cuerpo

A. ¿Quién es esta persona agradecida?

1. Es Pablo, el más grande misionero de todos los tiempos
   a. Él fue una vez perseguidor de la Iglesia
   b. Pablo había sido fariseo, instruido en la ley y muy religioso, pero estaba perdido
2. Su conversión en el camino a Damasco cambió todo (Hch. 9)
   a. Fue transformado de perseguidor en predicador
   b. La salvación por fe lo llevó de la religión a la redención
3. Este milagro de gracia hizo de Pablo un hombre agradecido
   a. Él estaba agradecido por la salvación mediante la fe en Cristo
   b. Él instó a los otros creyentes a ser siempre agradecidos (1 Ts. 5:18)

B. ¿Cuál es este regalo?

1. Este regalo es la vida eterna mediante la fe en Cristo (Ro. 6:23)
   a. Este regalo fue hecho posible por el nacimiento, la muerte y la resurrección de Cristo
   b. Por tanto, aquí está el mayor don jamás ofrecido y recibido

2. No es entonces sorprendente que Pablo lo llame "inefable"
   a. No hay palabras para describir el amor que hizo descender al Salvador
   b. Después de que Pablo recibió este don, predicó continuamente el mensaje de vida eterna
3. El corazón agradecido de Pablo lo hizo un dador constante
   a. Él no negó nada a su Señor
   b. Él oró, predicó y soportó la persecución, todo con acción de gracias

C. *¿Quién es este dador?*
1. Dios es el dador (Jn. 3:16)
2. El gran don de Dios nos garantiza el perdón y el cielo
   a. Este don se relaciona con el pesebre y la cruz
   b. Este don está garantizado por la resurrección
3. Este don "inefable" es el resultado del amor de Dios
4. Nuestra acción de gracias debe ser por algo más que el alimento y el fútbol
5. Debemos dar gracias a Dios por el milagro de la redención

III. Conclusión

A. *Como Pablo, demos gracias continuamente*

B. *Comuniquemos a todos las buenas nuevas del gran don de Dios*

SANTA CENA DEL DÍA DE ACCIÓN DE GRACIAS

Día de acción de gracias. *1 Corintios 11:23-26*

I. Introducción

A. La acción de gracias es un importante tema de la Biblia

1. Se menciona ciento cuarenta veces
2. Desde el salmista (Sal. 103) hasta Pablo (1 Ts. 5:18), se nos llama a ser agradecidos
3. Los cristianos deben ser agradecidos

B. Jesús dio gracias

1. Él dio gracias por la simplicidad del evangelio (Mt. 11:25)
2. Él dio gracias por el alimento suficiente (Jn. 6:11)
3. Él dio gracias en la primera Santa Cena

II. Cuerpo

A. Jesús dio gracias por el sacrificio de su cuerpo (vv. 23-24)

1. Cuando hubo dado gracias tomó el pan y lo partió
   a. "Esto es mi cuerpo, que por vosotros es partido"
   b. Él dio gracias por el dolor que compraría nuestro perdón
2. ¿Por qué dio Jesús gracias por este doloroso sacrificio?
   a. La Escritura respecto a su sufrimiento debía cumplirse (Is. 53:5-6)
   b. No podía haber salvación sin la cruz (Ro. 5:8)
3. "Haced esto en memoria de mí"
   a. Cada Santa Cena debe recordarnos su sufrimiento y muerte
   b. Cada Santa Cena debe hacernos sentir gratitud por su amor

B. Jesús dio gracias por el derramamiento de su sangre (v. 25)

1. "Asimismo"
   a. "Cuando hubo dado gracias"
   b. "Esta copa es el nuevo pacto en mi sangre"
2. La Santa Cena nos recuerda el fin de los sacrificios de animales
   a. "He aquí el Cordero de Dios", dijo Juan el Bautista (Jn. 1:29)
   b. Cristo es nuestro sacrificio. Su sangre nos limpia de todo pecado

3. ¿Quién puede entender tal amor?
    a. Cristo dio gracias por el dolor y la vergüenza de la cruz
    b. Cada Santa Cena debe recordarnos su amor

C. Jesús dio gracias por su Segunda Venida (vv. 25-26)

1. El Cristo que murió y resucitó vendrá otra vez
2. La Santa Cena nos recuerda la promesa de victoria final
3. Cada vez que celebramos la Santa Cena, estamos celebrando la cruz y el regreso de nuestro Señor
4. La Santa Cena nos recuerda que el Crucificado regresará
5. Cuando Cristo regrese, la comunión será completa

III. Conclusión

A. La Santa Cena nos recuerda a nuestro Salvador crucificado y resucitado

B. Algún día celebraremos el regreso de nuestro Rey conquistador

EXPERIENCIAS CUMBRE

Se retoma la *Serie sobre 2 Pedro.* *Mateo 17:1-6; 2 Pedro 1:16-18*

I. Introducción

A. Pedro afirma que su mensaje se basa en hechos

1. Declara que no ha seguido fábulas artificiosas
2. Su proclamación del evangelio tenía una base firme

B. La transfiguración era prueba de la predicación de Pedro

1. Esta experiencia cumbre vindicaba la misión de Cristo (Mt. 17:1-6)
2. La voz del cielo silenció las voces de los críticos en la Tierra

C. ¿Cómo podemos tener experiencias cumbre?

II. Cuerpo

A. Debemos seguir a Jesús (Mt. 17:1; 2 P. 1:16)

1. Pedro, Jacobo y Juan fueron llevados a una alta montaña (17:1)
   a. Ellos habían creído en Jesús antes de esta experiencia
   b. Habían dejado su trabajo y lo habían seguido
2. La fe inicia la vida cristiana, pero lo que sigue es el discipulado
   a. A veces seguir significa separarnos de otros
   b. Seguir a Cristo es estar dispuestos a rendirnos a Él
3. Seguir a Jesús nos lleva a niveles más altos
   a. El Señor los llevó a una alta montaña
   b. Grandes cosas les esperaban en esa cumbre
4. ¿Está usted dispuesto a seguir a Jesús hasta el fin?

B. Debemos mantener los ojos abiertos (Mt. 17:2; 2 P. 1:16)

1. Pedro se convirtió en testigo presencial de la majestad de Cristo
   a. Él nunca olvidaría este milagroso momento
   b. Él presentó esta experiencia como prueba de su autoridad para ministrar
2. Pedro recordaba lo que había visto
   a. Cristo se transfiguró ante él
   b. El Señor se vistió de luz
   c. Esta experiencia cumbre fue inolvidable para Pedro
3. Moisés y Elías aparecieron y hablaron con Jesús
   a. Pedro se sintió tan conmovido que quiso construir albergues para los visitantes (Mt. 17:4)

b. Debemos buscar la voluntad de Dios o nos perderemos su plan para nuestras vidas

C. Debemos escuchar al Señor (Lc. 9:31; 2 P. 1:17-18)

1. ¿De qué hablaban Jesús, Moisés y Elías en esa montaña?
   a. Hablaban de la cercana muerte de Cristo en la cruz (Lc. 9:31)
   b. Concentrarnos en la cruz nos lleva a experiencias cumbre
2. ¿Qué dijo el Padre en el Monte de la Transfiguración?
   a. "Este es mi Hijo amado, en quien tengo complacencia"
   b. Debemos ser sensibles a lo que Dios nos dice respecto a su Hijo

III. Conclusión

A. ¿Qué experiencias cumbre recuerda usted?

B. Vuelva a esas sagradas alturas y sirva nuevamente a su Señor

LOS FALSOS MAESTROS Y SU FIN

Serie sobre 2 Pedro. *2 Pedro 2:1-9*

I. Introducción

A. *Los falsos maestros son una preocupación constante*
   1. Esto ocurrió en los tiempos del Antiguo Testamento (v. 1)
   2. Esto ocurrió también en los días en que escribió Pedro (v. 1)
   3. Esto ocurrirá especialmente en los últimos días (v. 1; 1 Ti. 4)

B. *Un pastor debe advertir a su congregación respecto a las enseñanzas heréticas*
   1. Es posible que las advertencias pastorales respecto a los falsos maestros no sean populares
   2. Algunos podrían pensar que el pastor está juzgando injustamente a otros
   3. El pastor fiel debe arriesgarse a ser censurado para proteger a su iglesia

C. *Pedro compara el futuro de los falsos y los verdaderos maestros*

II. Cuerpo

A. *Los falsos maestros son como los ángeles caídos (vv. 1-4)*
   1. No estiman el precio pagado por Cristo en la cruz (v. 1)
      a. Dirigen las mentes de sus oyentes a la religión más bien que a la redención
      b. Su método es persuasivo, pero no ofrecen garantía de vida eterna
   2. Engañan a muchos y los convierten en sus seguidores (v. 2)
      a. Los falsos maestros hablan contra la verdad
      b. Producen y predican otro evangelio (Gá. 1:6-8)
   3. Su objetivo es con frecuencia adueñarse del dinero de sus seguidores (v. 3)
   4. Usan palabras engañosas para hablar contra el evangelio (v. 3)
   5. El juicio de los falsos maestros vendrá inexorablemente
   6. Dios no libró del juicio a los ángeles caídos y tampoco los librará a ellos (v. 4)

B. Los falsos maestros son como los pecadores de los tiempos de Noé (v. 5)
1. Noé fue un predicador de la justicia (He. 11:7)
   a. El mensaje de Noé era difícil de dar, pero cierto
   b. Noé se concentró en la fe y fue salvado junto con su familia
2. Los falsos maestros predican falsedad
   a. Cierran sus oídos a la verdad y propagan mentiras
   b. Enseñan la salvación por obras o tradición
   c. Ellos convencen a sus seguidores de que la verdad es errónea
3. Noé y su familia fueron librados durante el diluvio
4. El juicio espera a los falsos maestros por tergiversar la verdad

C. Los falsos maestros son como la gente de Sodoma y Gomorra (vv. 6-9)
1. Estos engañadores rechazan la moralidad bíblica
   a. Ellos escogen estilos de vida contrarios a la Palabra de Dios
   b. Ellos se burlan de una vida santa y de las normas bíblicas
2. Las enseñanzas heréticas conducirán finalmente a la destrucción (Jud. 6-8)
3. El Señor librará a su pueblo y juzgará a los falsos maestros

III. Conclusión

A. Rechace la falsa enseñanza y abrace la verdad

B. La verdad del evangelio lleva a la gente a la vida eterna

Diciembre

VOLUNTARIAMENTE IGNORANTES

Serie sobre 2 Pedro. *2 Pedro 3:1-7*

I. Introducción

A. Pedro apela al poder de la memoria

1. Debemos volver con frecuencia al momento de nuestro nuevo nacimiento
2. El recuerdo del principio de la fe crea una fe más fuerte

B. Las verdades fundamentales fortalecen la consagración

1. Pedro recuerda a estos creyentes la base de su fe
   a. Se les habían enseñado las palabras de los santos profetas
   b. Se les habían contado las palabras mismas de Jesús
2. Estos recuerdos los transportaban a los fundamentos del evangelio
   a. Cristo había venido a morir y a resucitar por su salvación
   b. Había prometido que regresaría (Jn. 14:1-6)
   c. Pedro también les advirtió de los burladores que vendrían en los últimos días (v. 3)

C. ¿Por qué se burlaría alguien de estas magníficas promesas?

II. Cuerpo

A. Preferían el pecado a la salvación (v. 3)

1. Estos incrédulos eligieron la lujuria más que el amor
   a. Responder al mensaje de salvación incluye arrepentimiento
   b. La fe en Cristo produce un nuevo nacimiento (Jn. 3:1-7)
2. El nuevo nacimiento produce nueva vida (2 Co. 5:17)
   a. Esta nueva vida hace posible vivir santamente
   b. Las cosas viejas pasaron, y todas son hechas nuevas
   c. La vida se centra entonces en la voluntad de Dios para nosotros
3. Algunos disfrutan de sus viejos caminos pecaminosos y, por tanto, rechazan el evangelio

B. Prefieren el cuestionamiento a la confianza (v. 4)

1. Estos burladores cuestionan el regreso de Cristo
   a. "¿Dónde está la promesa de su advenimiento?"

   b. Ellos cuestionan la promesa de "Vendré otra vez" (Jn. 14:3)
2. Los cristianos aceptan esta magnífica promesa y descansan en ella
   a. Esta es la esperanza bienaventurada del creyente (Tit. 2:13)
   b. Esta promesa purifica la vida del creyente (1 Jn. 3:2-3)
3. Los burladores tratan de evitar el asunto pese a las garantías bíblicas
   a. "Ignoran voluntariamente" las promesas del regreso de Cristo
   b. De forma deliberada, ignoran las profecías demostradas de la Segunda Venida

C. Prefieren la discusión a la expectación (vv. 5-7)

1. Aceptar la verdad nos hace responsables ante Dios
   a. Alegar ignorancia calma la conciencia
   b. Ignorar los hechos ayuda a acallar los temores de un juicio inminente
2. Pero en última instancia, hay que enfrentar la verdad: Cristo volverá

III. Conclusión

A. ¿Está usted listo para el cumplimiento de la promesa?

B. La ignorancia del inminente regreso de Cristo no es excusa

C. No espere ni un día más para prepararse para la venida de Cristo

DIOS ES SIEMPRE PUNTUAL

Serie sobre 2 Pedro. *2 Pedro 3:8-9*

I. Introducción

A. Muchos dudan del regreso de Cristo

1. Pedro ha declarado que algunos ignoran voluntariamente este tema
2. Otros quieren saber por qué tarda el cumplimiento de esta promesa

B. Pedro explica ahora la dimensión del tiempo

1. Jesús dijo que nadie sabría el día ni la hora de su regreso (Mt. 24:36)
2. Debemos estar siempre listos, esperando su regreso en cualquier momento (Mt. 24:42)
3. El misterio del tiempo se profundiza: para el Señor un día es como mil años (v. 8)
4. Y se profundiza aún más: y mil años como un día

C. ¿Cómo sabemos que Cristo vendrá precisamente a tiempo?

II. Cuerpo

A. El Señor no rompe sus promesas (v. 9)

1. Pedro: "El Señor no retarda su promesa"
   a. Cuando el Señor lo dice, podemos creerlo
   b. Podemos confiar en las promesas de Dios
2. Las promesas de Dios se han mantenido a través de los siglos
   a. La promesa del nacimiento virginal de Cristo se mantuvo (Is. 7:14)
   b. La promesa de que Cristo sería llamado Príncipe de paz se mantuvo (Is. 9:6-7)
   c. La promesa de que Cristo sufriría y moriría por los pecadores se mantuvo (Is. 53:5-6)
   d. La promesa de la resurrección de Cristo se mantuvo (Lc. 24:6-7)
3. Entonces podemos confiar en su promesa de regresar (Jn. 14:1-3)

B. El Señor demuestra su paciencia (v. 9)

1. ¡Por cuánto tiempo esperó el mundo la primera venida de Cristo!
   a. Hay muchas, muchas promesas del Antiguo Testamento respecto a su venida

b. Los profetas dieron sus mensajes, y el mundo esperó
c. Luego, en el momento preciso, Cristo nació (Gá. 4:3-5)

2. La paciencia de Dios se demuestra en su creación
   a. Las temporadas de sembrar y cosechar requieren paciencia
   b. El transcurso de las estaciones del año requiere paciencia
   c. Los años necesarios para que crezca un roble requieren paciencia
3. La paciencia es también parte del plan de Dios para la humanidad
   a. Él trata de convencer a los pecadores y espera arrepentimiento y fe
   b. Él nos dice que este es el día de salvación, pero espera nuestra decisión

C. El Señor se deleita en la salvación de una sola alma (v. 9)

1. Dios no quiere que nadie perezca
   a. Él espera pacientemente que los pecadores vengan al arrepentimiento
   b. Esto explica la larga espera hasta el regreso de Cristo
2. Estos días de espera deben ser días de evangelismo
3. ¿Qué está usted haciendo para alcanzar un alma más antes de que Cristo regrese?

III. Conclusión

A. Dios nos ha dado este momento para que confiemos en Él y le sirvamos

B. Cristo llegará precisamente a tiempo. ¿Estaremos listos?

LAS BARATIJAS PASAJERAS DE NUESTROS TIEMPOS

Serie sobre 2 Pedro. *2 Pedro 3:10-12*

I. **Introducción**

A. Es necio invertir todo en la tierra

1. Todo lo que está ligado al tiempo es pasajero (2 Co. 4:18)
2. Nuestro Señor dio un sabio consejo respecto a invertir (Mt. 6:19-20)

B. Pedro invirtió en la vida de Jesús

1. Él oyó el llamado de Jesús para seguirlo y obedeció (Mt. 4:19-20)
2. Ahora, al acercarse el fin de su vida, no tenía de qué lamentarse
    a. Él había comprobado las promesas de Cristo (v. 9)
    b. Anhelaba que otros hicieran lo mismo (v. 11)

C. Pedro hizo un claro llamado a la inversión sabia

II. **Cuerpo**

A. El engaño de las posesiones nos desvía (v. 10)

1. El amor a las posesiones terrenales ha engañado a muchos
    a. El engaño de las posesiones envió a Lot a Sodoma (Gn. 13)
    b. El engaño de las posesiones le costó su alma al joven rico (Lc. 18:18-25)
    c. El engaño de las posesiones envió al rico insensato al infierno (Lc. 12:16-21)
2. Pedro nos insta a mirar a la venida del Señor
    a. Mirar al cielo revela la naturaleza temporal de las cosas terrenales
    b. ¿De qué valdrán sus posesiones cuando Cristo regrese?
3. Los sabios invierten en las cosas de arriba que soportan la prueba del tiempo

B. Las posesiones se desharán (vv. 10-11)

1. Piense en esta espantosa escena
    a. Los cielos pasarán con gran estruendo
    b. Los elementos ardientes se fundirán
    c. La Tierra y las obras que en ella hay serán quemadas

2. La disolución de las cosas requiere una decisión: *¿Entonces como viviremos?*
3. Pedro nos llama a ver todo a la luz de su profecía
    a. "¿Cómo no debéis vosotros andar en santa y piadosa manera de vivir?"
    b. Es un llamamiento a una vida santa, a ser como Jesús
4. ¿Cómo ha afectado su vida la perspectiva del futuro?

C. *El reparto de las posesiones genera juicio (v. 12)*
1. ¿Qué haremos con nuestras posesiones en vista del regreso de Cristo?
2. Dar al Señor y a su obra acumula tesoros en el cielo (Mt. 6:20)
3. Ejemplos de algunos que decidieron repartir sus posesiones
    a. "El dinero no tenía encanto para él" (R. A. Torrey hablando de D. L. Moody)
    b. "Lo arrojo de mis manos para que no se me vaya al corazón" (Juan Wesley)
    c. "Dios valora lo que damos por lo que nos guardamos" (Jorge Müller)

III. Conclusión

A. *¿Se ha centrado su vida en baratijas pasajeras?*
B. *¿Está usted dispuesto a vivir de ahora en adelante una vida cristocéntrica?*
C. *¿Quiere empezar a vivir teniendo presentes los valores eternos?*

LA ALTERNATIVA DEL "PERO"

Serie sobre 2 Pedro. *2 Pedro 3:13*

I. Introducción

A. Dios siempre modera las tinieblas con luz

1. Jesús trajo luz a este oscuro mundo
2. Él trae buenas nuevas a la gente preocupada

B. Los versículos anteriores presentan un cuadro sombrío

1. Entonces se anuncia la magnífica opción del "Pero" de Dios
2. Hay bendiciones para los que piensan en el largo plazo

C. Lo mejor está aún por venir

II. Cuerpo

A. Habrá gozo después del juicio

1. El día del Señor viene (v. 10)
   a. Vendrá como ladrón en la noche
   b. El mundo no lo esperará
2. Vendrán eventos cataclísmicos sobre la creación
   a. Los cielos pasarán con grande estruendo
   b. Los elementos, siendo quemados, se fundirán
   c. La Tierra y las obras que en ella hay serán quemadas
3. "Pero", a quienes pertenecen al Señor les aguardan mejores tiempos
   a. Las promesas de Dios superan las pruebas de la Tierra
   b. El futuro es tan brillante como su Palabra infalible

B. El deleite seguirá a la destrucción

1. Las posesiones del presente serán desechas
   a. Los sueños de los pecadores se convertirán en pesadillas
   b. La riqueza de los perversos no valdrá nada
2. "Pero", persisten las promesas de paz y abundancia
   a. Ninguna de estas terribles tragedias tomará a Dios por sorpresa
   b. Un nuevo cielo y una nueva Tierra aguardan a los que han confiado en Jesús
3. Dios mantendrá la palabra dada a los suyos
   a. Piense en la descripción que hizo Juan de estas bendiciones prometidas (Ap. 21)
   b. La nueva Jerusalén descenderá del cielo como una esposa ataviada para su marido

4. Vea lo que no habrá en este nuevo cielo y esta nueva tierra (Ap. 21:4)
   a. Todo llanto y lágrimas desaparecerán
   b. Todo dolor, muerte, pesar y suspiros serán eliminados

C. *La justicia seguirá al desorden y la ruina*
1. Nuestro justo Señor reinará en el nuevo cielo y la nueva Tierra
2. Ahora enfrentamos problemas, pero nos esperan tiempos mejores
3. Cuando vengan las pruebas, recuerden la alternativa del "Pero"

III. Conclusión

A. *Todos somos pecadores, pero Dios nos ama*

B. *Merecemos el infierno, pero Cristo promete el cielo a quienes confían en Él*

C. *Las pruebas son reales, pero la gracia de Dios basta para todas ellas*

EL ÚLTIMO LLAMADO DE PEDRO

Concluye la *Serie sobre 2 Pedro.* *2 Pedro 3:14-18*

I. Introducción

A. Resumamos el último libro de Pedro

1. Es un libro de promesas (1:1-4)
2. Es un libro de protección (2:9)
3. Es un libro de profecía (3:1-13)

B. Vivamos teniendo presente el regreso de Cristo

1. Este pensamiento se encuentra en el último llamado de Pedro
2. Este es un llamado a vivir una vida cristiana consecuente
3. Es un llamado a todos nosotros para que crezcamos constantemente

C. ¿Cómo alcanzaremos estas elevadas metas?

II. Cuerpo

A. Debemos ser influidos por la verdad profética (v. 14)

1. Pedro nos ha instruido respecto a las cosas venideras
   a. Estos hechos deben ser más que información interesante
   b. Dios desea que la verdad profética transforme nuestras vidas
2. La expectativa del regreso de Cristo promueve la vida santa
   a. Juan dijo que esta esperanza debería hacernos cristianos cuidadosos (1 Jn. 2:28)
   b. Esperar el inminente regreso de Cristo nos hará puros (1 Jn. 3:2-3)
3. Si Cristo hubiera vuelto esta mañana, ¿habría quedado usted avergonzado?
4. Pedro nos llama a estar en paz con Dios, sin mancha e irreprensibles

B. Debemos estar conscientes del amor de Dios por los pecadores (v. 15)

1. Pedro nos recuerda que "la paciencia de nuestro Señor es para salvación"
   a. Esta es una referencia al versículo 9 respecto a la larga espera antes del regreso de Cristo
   b. Dios "no quiere que nadie se pierda, sino que todos procedan al arrepentimiento"

2. ¿Cómo se compara nuestro interés en los pecadores con ese amor?
    a. ¿Cuánto tiempo pasamos orando por la salvación de los pecadores?
    b. ¿Cuánto tiempo hace que hicimos algo extraordinario por hablar a otros de Cristo?
    c. ¿Qué papel desempeña el evangelismo en nuestras vidas diarias?
    d. ¿Cuánto estamos invirtiendo en misiones?
3. Pedro recuerda la súplica de Pablo por las almas y su ejemplo en ganar almas
4. Concentrarse en el amor de Dios por los pecadores podría traer avivamiento a nuestra iglesia

C. Debemos crecer en la gracia y el conocimiento de Cristo (v. 18)

1. "Antes bien creced en la gracia y el conocimiento de nuestro Señor y Salvador Jesucristo"
    a. Este es el último llamado de Pedro para crecer y conocer
    b. Pedro quiere que estos cristianos dejen de perder el tiempo y entren en acción
2. El último llamado de Pedro no es nuevo
    a. Ya lo hizo antes (1 P. 2:1-3)
    b. Su llamado anterior fue que sus lectores fueran como Jesús (1 P. 2:21-25)
3. ¿Ven otros que nuestro andar con Cristo se profundiza o se debilita?

III. Conclusión

A. El último llamado de Pedro es el llamado del Señor para nosotros hoy

B. ¿Cómo responderemos a este llamado que transforma la vida?

PROMESAS, PROVISIÓN Y PAZ

Navidad. *Isaías 7:14*

I. Introducción

A. Bienvenido a la temporada de los milagros

1. El milagro del nacimiento virginal
2. El milagro del pesebre y los mensajeros
3. El milagro de los magos

B. Cada uno de estos milagros nos enseña algo respecto a Dios

1. Podemos concluir correctamente que estos son mensajes de Navidad
2. Pensemos hoy en el milagro del nacimiento virginal
3. Es un mensaje de promesas, provisión y paz

C. Lo que nos dice la Navidad respecto al nacimiento virginal

II. Cuerpo

A. Dios es el gran dador de promesas

1. Tras la creación vino la Caída y luego la promesa de redención (Gn. 3:15)
    a. La promesa se refiere a un Redentor
    b. La cabeza de la serpiente sería aplastada
    c. La labor del enemigo sería deshecha
2. ¿Qué implicaba la promesa de redención?
    a. El amor de Dios haría que Él proveyera un Salvador para los pecadores
    b. La gracia de Dios daría salvación a quienes no la merecían
3. El nacimiento virginal anunciaría la venida del Redentor (v. 14)

B. Dios es el gran solucionador de problemas

1. La promesa de redención demandaba un Salvador
2. Este Salvador nacería de una virgen (v. 14)
    a. Piense en la creación de Adán y Eva
    b. Todas las personas, desde ese tiempo, se han originado por procreación
    c. El nacimiento virginal es único: un milagro especial y una señal
3. Los milagros no son problema para Dios; Él se especializa en ellos
4. El nacimiento virginal dice que Dios es lo bastante grande como para resolver todos nuestros problemas

5. Gabriel le respondió a María: "Porque nada hay imposible para Dios" (Lc. 1:37)

C. Dios es el gran pacificador

1. El Nacido de una virgen se llamaría "Emanuel"
   a. Ese nombre significa "Dios con nosotros"
   b. El hombre, separado de Dios, se uniría con Él
2. Este Salvador nacido de una virgen nos redimiría en la cruz
3. "Paz, buena voluntad para con los hombres" sería el mensaje del nacimiento de Cristo (Lc. 2:14)
4. Tenemos paz con Dios por la fe en este Salvador nacido de una virgen (Ro. 5:1)
5. La paz personal se produce mediante una rendición total a Él (Fil. 4:5-7)
6. La paz en la Tierra se producirá cuando Cristo vuelva a reinar (Is. 9:6-7)

III. Conclusión

A. Venga a Cristo con fe y encuentre paz

B. Hable diariamente de las buenas nuevas de su paz

EL PESEBRE, LOS MENSAJEROS Y EL MENSAJE

Navidad. *Lucas 2:7-20*

I. Introducción

A. *Esta fue la noche de los milagros*
   1. Las promesas de los profetas se cumplirían
   2. La larga espera hasta el nacimiento del Salvador había terminado
   3. El empadronamiento, el viaje, el tiempo: todo sirvió para los milagros

B. *El nacimiento ocurrió en un establo*
   1. ¡Qué extraño lugar para el nacimiento de un rey!
   2. El pesebre era una cuna inusual para el Prometido

C. *El pesebre, los mensajeros y el mensaje tenían que ver con el Niño Jesús*

II. Cuerpo

A. *El pesebre fue su cuna (v. 7)*
   1. El pesebre ilustraba perfectamente el rechazo sufrido por Cristo
      a. No había lugar para Él en el mesón
      b. ¿Ha estado usted cerrando la puerta de su vida a Cristo?
   2. El pesebre ilustraba perfectamente la redención de Cristo
      a. Fue envuelto en fajas: ropaje de muerte
      b. El Cordero de Dios yacía en un pesebre, apuntando a la cruz
   3. El pesebre ilustraba perfectamente la disponibilidad de Cristo para todos
      a. Piense en los "todos" del evangelio (Ro. 3:23; Is. 53:6)
      b. Cristo recibirá a todos los que vengan a Él (Jn. 6:37)

B. *Los mensajeros eran del cielo (vv. 8-10)*
   1. Los pastores, hombres comunes, vigilaban sus rebaños por la noche
      a. Era una noche como muchas otras..., pero diferente
      b. El ángel del Señor se les apareció, y todo cambió
      c. Dios atrajo la atención de estos hombres, y nunca fueron los mismos
   2. Los pastores tuvieron miedo, pero dos palabras los calmaron: "¡No temáis!"

a. Estas son buenas palabras para nuestros tiempos inestables
b. Podemos dar nuestros temores a Aquel que nació en el establo (1 P. 5:7)
3. Los pastores hallaron al Salvador en el establo tal como el ángel había dicho
4. ¡En qué buen ejemplo se convirtieron esos pastores aquella noche!
a. Oyeron el mensaje
b. Obedecieron el mensaje
c. Proclamaron el mensaje

C. El mensaje era para todos (vv. 10-12)

1. ¿Cuál fue este mensaje de Navidad?
a. El mensaje hablaba de un bebé nacido de una virgen
b. El mensaje hablaba de una promesa cumplida
c. El mensaje hablaba del nacimiento del Salvador profetizado
2. ¿Qué significa hoy para usted este mensaje de Navidad?

III. Conclusión

A. El Cordero de Dios nacido en el pesebre murió por los pecadores

B. Como los pastores, anunciemos a todos la noticia

EL MILAGRO DE LOS MAGOS

Navidad. *Mateo 2:1-11*

I. Introducción

A. *Repasemos la serie de los milagros*
   1. El milagro del nacimiento virginal
   2. Los milagros del pesebre, los mensajeros y el mensaje

B. *El milagro fue visto por los magos*
   1. Estos son mejor conocidos como los reyes magos
   2. ¿Por qué se les llamaba "magos"? Magos eran los que estudiaban las estrellas y aconsejaban a los líderes

C. *Los misterios de los magos*
   1. No sabemos sus nombres ni su número (los tres regalos han llevado a pensar que eran tres)
   2. No estamos seguros de cuándo empezaron su viaje o cuánto duró este con exactitud

D. *¿Qué sabemos de los magos?*
   1. Que vinieron de Oriente, probablemente de Babilonia (Irak)
   2. Eran ricos: sus regalos fueron oro, incienso y mirra

II. Cuerpo

A. *¿Por qué salieron los magos de Irak?*
   1. Probablemente porque estudiaron los escritos de Daniel
      a. Daniel había sido llevado cautivo por Nabucodonosor cuando era joven
      b. Él llegó a ser muy respetado y ascendió a puestos de poder en Babilonia
   2. Daniel tuvo una gran perspectiva profética y escribió respecto a un futuro rey de los judíos
      a. El cronograma de Daniel para importantes profecías cumplidas se revela en Daniel 9:24-26
      b. La razón del inicio del viaje de los magos fue las Escrituras y la estrella
   3. Cuando estudiamos las Escrituras, la luz empieza a llegarnos

B. *¿Cómo se desviaron los magos?*
   1. Al llegar a Jerusalén, fueron al palacio
      a. Este parecía un lugar lógico para buscar a un rey
      b. Dejaron la estrella para seguir sus propias impresiones
   2. Muchos son como los magos

a. Empiezan a andar con Dios y luego se desvían
b. Siguen sus sentimientos más que a Cristo
3. ¿Recuerda usted alguna ocasión en que le haya ocurrido esto?

C. ¿Qué hizo regresar a los magos? (Mt. 2:4-6)

1. Herodes reaccionó ante la búsqueda de los magos
a. Llamó a los principales sacerdotes y a los escribas para pedirles consejo
b. Ellos citaron las Escrituras ante los magos (Mi. 5:2)
2. Los magos obedecieron de inmediato
a. Partieron para Belén y vieron la estrella
b. Al volver a las Escrituras, vieron la luz

III. Conclusión

A. Al hallar a Cristo, los magos lo adoraron
B. Le presentaron al Rey oro, incienso y mirra
C. Los sabios aún adoran a Cristo y le presentan lo mejor

LÁZARO Y EL SER QUERIDO QUE USTED HA PERDIDO

Sermón para funeral. *Juan 11:32-44*

I. Introducción

A. ¿Por qué estamos hoy aquí?
1. Queremos recordar y honrar a su amigo y ser querido
2. ¿Dónde podemos hallar palabras para esta importante ocasión?

B. Vayamos a la Biblia, la fuente de respuestas eternas
1. Este libro nos dará luz y consuelo
2. Este libro hablará a nuestras necesidades de paz y fortaleza
3. Este libro revelará el amor de Dios ante nuestra pérdida

C. Piense en Lázaro: su amigo, su familia y su futuro

II. Cuerpo

A. Lázaro tenía un amigo muy especial (Jn. 11:1-3)
1. Lázaro había hallado en Jesús un amigo para toda la vida
   a. Un día Lázaro conoció a Jesús
   b. Ambos quedaron unidos por un lazo de amistad y amor
2. Cuando Lázaro enfrentaba una crisis, necesitaba a Jesús
3. Todos enfrentamos tiempos cuando solo Jesús puede satisfacer nuestras necesidades

B. Lázaro y su familia enviaron a pedir ayuda (Jn. 11:3)
1. Cuando Lázaro enfermó, su familia envió a llamar a Jesús
   a. "Señor, he aquí el que amas está enfermo"
   b. Su familia sabía que Jesús amaba a Lázaro y vendría a ayudarlo
2. ¡Qué excelente es tener miembros de la familia que nos aman!
   a. Los miembros amorosos de la familia claman a Jesús por ayuda en tiempos de necesidad
   b. Debemos orar por esta familia en su momento de dolor
3. Lázaro murió a pesar del llamado de la familia a Jesús para que viniera y lo ayudara
   a. Cuando Jesús llegó, Lázaro tenía cuatro días de estar en la tumba

b. María pensó que Jesús le había fallado a Lázaro al no llegar a tiempo

4. La familia de Lázaro estaba por aprender que Dios no los había abandonado

C. *Lázaro tiene futuro (Jn. 11:35-45)*

1. Jesús amaba a Lázaro; observe que lloró (v. 35)
   a. Nuestro amoroso Señor sabe todo respecto al dolor de ustedes
   b. Sus lágrimas de aquel día eran por todos los que sufren por la pérdida de sus seres queridos
2. Jesús llamó a Lázaro de la tumba, y Lázaro se levantó
   a. Cuando Jesús vuelva, resucitará a todos los cristianos
   b. La muerte no puede vencer a los que confían en Jesús
   c. Para Lázaro lo mejor estaba aún por venir

III. Conclusión

A. *¿Qué pasa cuando mueren los cristianos?*

1. Van al cielo (2 Co. 5:8)
2. Cuando Cristo regrese, sus cuerpos serán resucitados (1 Co. 15:51-58)

B. *Traiga sus lágrimas al Salvador lloroso y encuentre paz*

C. *Reciba a Cristo como su Salvador y quede listo para el cielo*

DOS PALABRAS MARAVILLOSAS

Sermón para funeral. *1 Juan 5:11-13*

I. Introducción

A. Hoy nos concentraremos en dos palabras maravillosas: "Vida eterna"

1. Maravillosas porque vivimos en un mundo de cosas pasajeras
2. Maravillosas porque vivimos en un mundo de hospitales y cementerios

B. Este es un texto para los que anhelan vivir para siempre

1. Esta es una garantía que asegura vida eterna
2. Este texto promete un paso seguro de la Tierra al cielo

C. Aquí hay tres preguntas respecto a dos palabras maravillosas

II. Cuerpo

A. ¿Por qué necesitamos vida eterna?

1. La vida es breve
   a. Setenta u ochenta años en promedio (Sal. 90:10)
   b. Job dijo que sus días eran pocos (Job 10:20)
   c. Santiago dijo que la vida es como neblina que se desvanece (Stg. 4:14)
2. La ciencia médica ha prolongado la vida solo unos cuantos años
3. La promesa de vida eterna es como una luz brillante en un mundo oscuro
   a. La vida eterna indica que nuestros días aquí son como un preludio de la eternidad
   b. Esta magnífica noticia ayuda a secar las lágrimas de los que lamentan la pérdida de sus seres queridos

B. ¿Cómo obtengo la vida eterna?

1. Obtenemos la vida eterna recibiendo un regalo
   a. El regalo de Dios es vida eterna (Ro. 6:23)
   b. Dios nos ha dado vida eterna, y esta vida está en su Hijo (1 Jn. 5:11)
2. Al recibir a Cristo como Salvador, recibimos también la vida eterna
   a. Los que reciben a Cristo van al cielo al morir (2 Co. 5:8)

   b. Este es el mayor consuelo que una familia doliente puede experimentar
   c. Jesús dijo a sus discípulos que Él había venido a darles paz (Jn. 14:27)
   d. Podemos tener paz respecto de donde están nuestros seres amados al morir
3. ¿Ha recibido usted este maravilloso don de vida eterna?

C. *¿Cuándo obtenemos vida eterna?*
1. "El que tiene al Hijo, tiene la vida..." (v. 12)
2. Obtenemos vida eterna al recibir a Cristo como Salvador (Jn. 3:36)
   a. Esta posesión actual de vida eterna nos da tranquilidad
   b. También da consuelo a los que nos aman y sufren por nuestra partida
3. Ahora sabemos por qué Jesús les dijo a sus discípulos que no debían turbarse por la muerte
   a. "No se turbe vuestro corazón..." (Jn. 14:1)
   b. "En la casa de mi Padre muchas moradas hay..." (Jn. 14:2)

III. Conclusión

A. *Traiga a Jesús sus lágrimas y sus temores*
B. *Nuestro amante Señor le dará paz*
C. *No demore ni un día más en confiar en Cristo como Salvador*
D. *Hoy puede ser su día de salvación*

EL CIELO: MUY SUPERIOR A LO QUE PODAMOS SOÑAR JAMÁS

Sermón para funeral. *1 Corintios 2:9*

I. **Introducción**
   A. *La creación muestra la mano del Creador*
      1. El salmista se maravillaba ante la gloria de Dios en los cielos (Sal. 19:1)
      2. Las aguas del mundo muestran la mano de su Hacedor
      3. Los campos y las flores nos dan un vistazo de su plan
   B. *El cielo tiene más maravillas de las que jamás hemos conocido*
      1. Jamás hemos visto un lugar como el cielo
      2. Jamás hemos oído una descripción adecuada de su belleza
      3. La imaginación se tambalea al pensar en lo que nos espera
   C. *Las preguntas demandan respuestas respecto a este hogar eterno*

II. **Cuerpo**
   A. *¿Cómo es posible que el cielo sea el hogar de los pecadores?*
      1. La respuesta se halla en la asombrosa gracia de Dios
         a. Ninguno de nosotros merece ir al cielo
         b. Todos hemos pecado y estamos destituidos de la gloria de Dios (Ro. 3:10-23)
         c. Cada uno de nosotros ha tropezado en la carrera
      2. La gracia es un favor inmerecido que se nos ofrece gracias al amor de Dios (Tit. 3:5)
      3. ¿Significa esto que todos los pecadores pueden ser perdonados?
         a. ¡Sí! Dios perdona todas nuestras iniquidades (Sal. 103:1-5)
         b. Su gracia es suficiente incluso para pecadores como usted y yo
   B. *¿Cómo puede uno asegurarse de alcanzar el cielo?*
      1. Dios ha prometido el cielo a los que confían en su Hijo
         a. El cielo no se garantiza por esfuerzos humanos (Ef. 2:8-9)

b. Solo el nuevo nacimiento garantiza el cielo (Jn. 3:3)
2. ¿Qué significa nacer de nuevo?
   a. Un religioso hizo esta pregunta a Jesús (Jn. 3:4)
   b. Jesús le explicó que este es un nacimiento espiritual (Jn. 3:5)
3. ¿Cómo puede uno nacer de nuevo?
   a. La respuesta se halla en Juan 3:16
   b. El nuevo nacimiento se produce al confiar en Jesús
4. ¿Ha nacido usted de nuevo?

C. *¿Cuándo llegan los salvos al cielo?*
1. Inmediatamente después de morir
   a. Estar ausente del cuerpo es estar presente con el Señor (2 Co. 5:8)
   b. El último aliento en la tierra va seguido del primer aliento celestial
2. ¿Significa esto que la llegada es aún mejor que la supervivencia?
   a. Sí. Lo que nos espera allá supera lo que jamás hayamos soñado
   b. Que esta palabra de consuelo sirva para enjugar sus lágrimas y desechar sus temores

III. Conclusión

A. *¿Tiene usted seguridad del cielo?*

B. *Resuelva esta pregunta confiando ahora mismo en Jesús*

UN TEXTO PARA MOMENTOS DIFÍCILES

Sermón para funeral o tragedia. *Juan 14:1-6*

I. **Introducción**

A. *Todos pasamos por momentos difíciles*

1. Perder a un ser querido, a un amigo o a un vecino puede ser difícil
2. Enfrentar una tragedia familiar o comunitario puede ser difícil
3. Este es un texto para los tiempos difíciles de la vida

B. *Las personas afligidas pueden hallar refugio en este texto*

1. Es el conjunto de versículos más conocido del Nuevo Testamento
2. Es un texto para enjugar las lágrimas y hallar fortaleza

C. *¿Qué hace que este texto sea tan útil?*

II. **Cuerpo**

A. *Es un texto que da consuelo (v. 1)*

1. "No se turbe vuestro corazón"
2. El mundo está lleno de turbación
   a. La enfermedad y el dolor terminan por alcanzarnos a todos
   b. La muerte llega a nuestras familias y vecindarios (He. 9:27)
3. El Señor anhela consolarnos
   a. "Consolaos pueblo mío" (Is. 40:1)
   b. "El Dios de toda consolación" (2 Co. 1:3-4)

B. *Es un texto con un llamado a la fe (v. 1)*

1. "Creéis en Dios"
2. "Creer" es una palabra que transforma vidas
   a. Creer es ejercer fe
   b. Jesús elogió a sus discípulos por creer en Dios
3. "Creed también en mí"
   a. Este es un llamado a la fe en Cristo: una declaración de su deidad
   b. Crea que Jesús lo ama, que murió y que resucitó por usted
   c. Reciba a Jesús por fe y tenga la seguridad de ir al cielo (Jn. 1:12)

C. Es un texto con una pregunta (v. 5)
1. "¿Cómo podemos saber el camino?"
2. A Tomás le agradó lo que oyó, pero no entendía plenamente
3. Él quería ir al cielo, pero no conocía el camino
4. Él estaba pidiendo seguridad de vida eterna

D. Es un texto con una respuesta (v. 6)
1. "Yo soy el camino, y la verdad, y la vida"
2. Estas palabras aclaran tres importantes inquietudes respecto al camino al cielo
   a. Jesús no es solo Alguien que señala el camino
   b. Jesús es el camino
   c. No hay otro camino

III. Conclusión

A. Jesús satisfará sus necesidades específicas

B. La fe en Jesús lo llevará a donde Él está

TIEMPO DE AMAR

Día de San Valentín. *Eclesiastés 3:8*

I. Introducción

A. "Amor" es una palabra importante

1. Sin amor desaparece la emoción de vivir
2. Sin amor desaparece la calidez del hogar
3. Sin amor desaparece la utilidad de una iglesia

B. El amor nos dio el evangelio

1. La Biblia es la carta de amor de Dios para todos nosotros
2. La cruz demuestra el amor de Dios

C. Una iglesia solo es tan fuerte como el lazo de amor de sus matrimonios

II. Cuerpo

A. "Tiempo de amar" nos dice que el amor es parte del plan de Dios

1. No era bueno que el hombre estuviera solo (Gn. 2:18)
2. La creación de Eva tendría como resultado el amor y el matrimonio
    a. Eva fue hecha de la costilla de Adán (cerca de su corazón)
    b. Probablemente fue la mujer más bella de todos los tiempos
    c. Es probable que Adán haya tenido una intensa reacción ante esta obra maestra de Dios
3. El plan de Dios incluyó el primer matrimonio
    a. El amor impulsaría al hombre a dejar a su padre y a su madre, y unirse a su mujer
    b. Esta estrecha relación sería una ilustración de Cristo y su Iglesia
    c. "El matrimonio es honroso" (He. 13:4)

B. "Tiempo de amar" nos dice que hay que expresar el amor

1. Los maridos deben amar a sus mujeres así como Cristo amó a la Iglesia (Ef. 5:25)
2. Dios nos ha dado muchas formas de expresar el amor
    a. Con nuestras palabras decimos: "¡Te amo!"
    b. A través de nuestras miradas amorosas, nuestros ojos transmiten afecto

c. Al pasar tiempo juntos, expresamos el amor como "T-I-E-M-P-O"
d. Al responder al afecto en vez de alejarnos, demostramos que amamos
e. Mediante la comunicación física, tocamos, besamos, abrazamos

3. Los que aman deben sacar diariamente tiempo para expresar su amor
4. No debería pasar un solo día en que un esposo o una esposa no se sientan amados

C. "Tiempo de amar" nos dice que el amor está limitado por el tiempo

1. Los amantes sabios entienden que su tiempo en la Tierra es limitado
   a. Debemos aprovechar las oportunidades de expresar nuestro amor
   b. No debemos desperdiciar el tiempo en discutir e insultar
   c. No podemos sacar tiempo para guardar rencor
2. Los amantes sabios aprovechan los momentos y sacan vida de ellos
   a. Toman tiempo para oler las rosas
   b. No se niegan a expresar físicamente el afecto

III. Conclusión

A. ¿Cómo expresará usted su amor hoy?

B. No deje pasar el día: es tiempo para amar

LOS GRANDES PREMIOS DE GRADUACIÓN DE DIOS

Domingo de graduación. *2 Timoteo 2:15*

I. Introducción

A. Se justifica que demos felicitaciones por graduación

1. Reconocemos años de estudio y dedicación
2. Celebramos logros de estudiantes y padres

B. Finalmente, se recompensan los años de pagar y orar

1. Un diploma muestra la aprobación de los educadores
2. Es un punto de referencia en el camino al éxito

C. Todos nos encaminamos a otra graduación

1. Cada cristiano se graduará finalmente en la gloria
2. Pablo presenta una fórmula para los premios del día de graduación (2 Ti. 2:15)

II. Cuerpo

A. Procurar

1. Una palabra conocida para los graduados
   a. Evoca recuerdos de asignaciones de clase, tareas y exámenes
   b. La lectura es clave para procurar un estudio exitoso (1 Ti. 4:13)
2. Los que buscan la aprobación de Dios estudiarán las Escrituras
   a. La Biblia es el texto del cristiano para aumentar la fe (Ro. 10:17)
   b. Estudiar la Biblia produce victoria sobre el pecado (Sal. 119:9-11)
3. El estudio bíblico crea una base para la vida
4. Estudiar la Biblia aumenta el valor de todos los otros estudios

B. Trabajar como obrero

1. Pablo tenía una meta para Timoteo: un obrero que no tiene de qué avergonzarse
   a. Nada funciona a menos que nosotros funcionemos
   b. El aprendizaje sin trabajo lleva al fracaso
2. Los diplomas sin diligencia solo producen decepción
3. No somos salvos por obras, pero somos hechura de Dios creados en Cristo para buenas obras (Ef. 2:8-10)

a. Las buenas obras se derivan naturalmente de las vidas consagradas a Cristo
b. La educación debe usarse para glorificar a Dios y bendecir a la gente
4. La calidad de nuestra fe se mostrará en nuestro trabajo por el Señor
a. Somos mayordomos por muy poco tiempo, así que debemos trabajar mientras podamos
b. Hay recompensas celestiales para quienes trabajan para la gloria de Dios

C. Discernir
1. El discernimiento determina nuestro grado de éxito
a. No solo debemos estudiar la Biblia sino también discernir su mensaje para la vida
b. Una persona dotada de una comprensión de la Biblia tendrá éxito
2. Pablo quería que Timoteo usara bien la Palabra de verdad
a. La educación envuelta en oración y enriquecida por el estudio bíblico resulta poderosa
b. Estas cosas nos permitirán recibir premios de aprobación en el día de la graduación

III. Conclusión

A. La educación imparte conocimiento, la fe imparte sabiduría
B. Confiar en Cristo como Salvador lo pone a uno en el camino correcto
C. La rendición total al Señor nos da diariamente dirección

¿ESTÁ DIOS CONTRA EL ABORTO?

Domingo de santidad de la vida. *Salmo 139:13-16; Jeremías 1:5; Lucas 1:41-42*

I. Introducción

A. Enfrentemos los hechos de las posiciones en contra y a favor del aborto

1. Si Dios está contra el aborto, entonces el aborto le causa aflicción
2. Si Dios está contra el aborto, el suicidio asistido nunca es su voluntad
3. Si Dios está contra el aborto, el término "a favor del aborto" es una contradicción para los cristianos

B. Hay una solución simple a esta confusa contradicción

1. El Dr. D. James Kennedy comentó: "Creemos lo que dice la Biblia sobre el valor de la vida (independientemente de las situaciones) o determinamos nuestro propio código de ética respecto al asunto. Como personas y como nación, estamos en un terreno peligroso si escogemos esto último"
2. ¿Qué dice la Biblia respecto a este asunto de vida o muerte?

C. Dejemos que tres personajes bíblicos hablen por sí mismos

II. Cuerpo

A. David fue el salmista (Sal. 139:13-16)

1. Para el salmista no hay duda respecto al valor y la fuente de la vida
    a. "Tú me hiciste en el vientre de mi madre"
    b. "Formidables, maravillosas son tus obras"
    c. "Mi embrión vieron tus ojos"
2. El salmista declara que la vida comienza en el vientre
3. "Antes de que nosotros tuviéramos ninguna preocupación, ya Dios se preocupaba por nosotros. Antes de que viéramos la luz del día, la Luz del mundo estaba con nosotros. Antes de nacer, ya éramos objeto del cuidado y la protección de Dios" (C. H. Spurgeon)

B. Jeremías fue el profeta (Jer. 1:5)

1. Jeremías nació en un período delicado de la historia de su nación
    a. A este profeta, le esperaban tiempos difíciles

b. Él sería un hombre de lágrimas; fue él quien escribió las Lamentaciones
c. Él fue el vocero de Dios cuando era peligroso hablar
2. Dios tuvo que hacerle saber que lo había escogido antes de nacer
a. "Antes que te formase en el vientre te conocí"
b. "Y antes que nacieses te santifiqué"
c. "Te di por profeta a las naciones"
3. ¡Qué trágico para Israel si este poderoso profeta hubiera sido abortado!
4. ¿Cuántos posibles siervos de Dios se han perdido por causa del aborto?

C. Juan el Bautista saltó de gozo (Lc. 1:41-42)
1. Gabriel le anunció a María el nacimiento de Cristo (1:26-38)
2. María visitó a Elisabet, quien pronto daría a luz a Juan el Bautista
3. En cuanto María habló, el bebé de Elisabet (Juan el Bautista) saltó en su vientre
4. El primer reconocimiento que hizo Juan de Jesús fue antes de nacer.

III. Conclusión

A. Para el Señor, la vida es sagrada desde el vientre hasta la tumba

B. La oferta de Dios de vida eterna prueba el valor de la vida para Él

C. Reciba a Cristo como su Salvador y obtenga hoy la vida eterna

LA FE FOMENTA LA FAMILIA

Domingo de la familia. *Efesio.*

I. Introducción

A. ¡Qué apropiado tener un domingo de la familia!
1. La familia fue creada por Dios (Gn. 2—3)
   a. Un hombre y una mujer llegaron a ser uno solo por el matrimonio
   b. Nacieron niños, cumpliendo así el plan de Dios
2. Jesús decidió nacer en una familia (Lc. 2)

B. Nuestra iglesia ha creado una atmósfera familiar
1. Esto es evidente por los esfuerzos hechos por honrar hoy a las familias
2. Los parientes se han reunido aquí para ser parte de esta celebración del domingo de la familia en la iglesia

C. ¿Qué puede la fe hacer por las familias?

II. Cuerpo

A. La fe en Cristo hace florecer el amor (vv. 25-30)
1. Los maridos deben amar a sus mujeres así como Cristo amó a la Iglesia
   a. Este es un amor sacrificial: dar vez tras vez
   b. El amor familiar es como el amor de Jesús demostrado en la cruz
2. El amor de Cristo es abnegado
   a. Los esposos deben amar a sus mujeres como a sus propios cuerpos
   b. El esposo debe estimar a su esposa
3. Un esposo y una esposa cristianos son una ilustración de Cristo y su Iglesia
4. Este vínculo de amor se entiende claramente a la luz de 1 Corintios 13

B. La fe en Cristo hace normal el respeto y la reverencia (vv. 31-33)
1. ¿Qué harían el respeto y la reverencia por su familia?
   a. ¿Cómo cambiarían su hogar estas dos actitudes?
   b. ¿Mejorarían sus relaciones?
2. Observe que la clave del éxito en esta área se halla en Cristo
   a. "Yo digo esto respecto de Cristo y la iglesia"
   b. ¿Se refleja la ternura de Jesús en su matrimonio?

ÍNDICE DE TEXTOS BÍBLICOS